B站
视频创作、营销与运营全攻略

内容策划+拍摄剪辑+引流粉丝+商业变现

短视频商学院 ◎编著

化学工业出版社

·北京·

内容简介

如何在B站打造10万+的爆款视频？如何成为B站的一个百万粉丝UP主？

本书从"内容创作+拍摄剪辑+引流粉丝+商业变现"4个维度，为读者全方位解密B站的营销与运营。具体内容包括12大主题：账号注册、平台运营、内容创作、内容管理、播放设置、视频拍摄、直播录制、后期剪辑、引流吸粉、互动管理、数据运营、商业变现，帮助读者快速认识和精通B站的核心秘密，成为B站运营高手。

本书适合对B站感兴趣的短视频运营者、自媒体创业者，以及希望通过布局B站成为流量主播的达人们。

图书在版编目（CIP）数据

B站视频创作、营销与运营全攻略：内容策划+拍摄剪辑+引流粉丝+商业变现/短视频商学院编著. —北京：化学工业出版社，2020.11（2021.10重印）

ISBN 978-7-122-37767-8

Ⅰ.①B… Ⅱ.①短… Ⅲ.①网络营销 Ⅳ.①F713.365.2

中国版本图书馆CIP数据核字（2020）第176893号

责任编辑：李 辰 孙 炜　　　　　　封面设计：异一设计
责任校对：王 静　　　　　　　　　　装帧设计：盟诺文化

出版发行：化学工业出版社（北京市东城区青年湖南街13号　邮政编码100011）
印　　装：天津图文方嘉印刷有限公司
710mm×1000mm　1/16　印张14½　字数300千字　2021年10月北京第1版第2次印刷

购书咨询：010-64518888　　售后服务：010-64518899
网　　址：http://www.cip.com.cn
凡购买本书，如有缺损质量问题，本社销售中心负责调换。

定　　价：88.00元　　　　　　　　　　　　　　版权所有　违者必究

前　言

B 站是哔哩哔哩（英文名：bilibili）的别名，现为中国年轻一代高度聚集的文化社区和视频平台。该网站于 2009 年 6 月 26 日创建，被粉丝们亲切地称为"B 站"。2018 年 3 月 28 日，哔哩哔哩在美国纳斯达克上市。

2018 年 10 月，B 站获得腾讯 3.2 亿美元投资，腾讯成为第二大股东。

2019 年 2 月，阿里巴巴宣布入股 B 站，成为 B 站第四大股东。

2020 年 4 月 9 日，哔哩哔哩宣布获得索尼 4 亿美元的战略投资，索尼成为第六大股东。股价总市值已达 88 亿美元。

据相关媒介数据，2019 年 B 站总营收 67.8 亿元，同比增长 64%。其中，第四季度营收同比增长 74%，达 20.1 亿元，连续 7 个季度超市场预期。

纵观 2019 年，B 站"实力出圈"。第四季度，B 站月均活跃用户再创新高，达 1.3 亿人，同比增长 40%；移动端月均活跃用户同比增长 46%，达 1.16 亿人，实现了自 2018 年上市以来的最高增幅。

数据显示，2019 年第四季度，B 站月均活跃 UP 主（投稿者）数量突破 100 万，同比增长 80%；月均投稿量同比增长 66%，达 280 万。

PUGV（即 UP 主创作的高质量视频）作为 B 站内容生态的基石，在第四季度占据平台整体播放量的 91%。

随着短视频时代的来临，B 站成为继抖音、快手后的又一大流量池，为此，笔者将自己运营 B 站的多年心得写下来，与大家分享，希望对刚进驻 B 站的新人有一些帮助，避免浪费时间和金钱，减少试错成本。

本书的 3 个特点如下：

（1）脉络清晰，层层递进。短视频行业的快速发展，让人发现了 B 站的潜力，同时 B 站也为个人、企业及机构提供了一个全新的营销渠道。本书从 B 站账号注册、B 站运营、内容创作、内容管理、播放设置、视频拍摄、直播录制、后期剪辑、引流吸粉、数据分析和变现等多个方面剖析了 B 站账号运营之道，帮助 UP 主全面优化运营技巧。

（2）多年运营，经验分享：笔者从事新媒体运营和短视频研究多年，做过短视频运营指导和顾问，对 B 站、抖音、快手等短视频平台的运营、引流、变现颇有心得，因此一一写下来，希望给刚做 B 站短视频的朋友一些帮助和启发。

（3）剖析案例，操作性强：本书有大量的营销案例，每讲到一种运营、引流和变现方法，都有具体的操作步骤。虽然说立足 B 站进行营销不是企业的单一选择，但是成功运营 B 站账号能够优化企业的推广能力，获得一个全新的营销渠道。

在本书编写过程中，B 站 UP 主——"骑驴到西藏"提供了大量的 B 站实际运营数据和分析。"骑驴到西藏"为星空风光摄影师、视觉中国签约摄影师、图虫签约摄影师、腾讯大成网签约摄影师、CCTV 央视频首批入驻摄影师、中国延时摄影联盟成员、国家宣传片《韵动中国 2019》摄影师、2018 年入围"中国国家地理"举办的"无所争自有声"摄影大赛，《星空摄影全攻略：银河、星座、星云、星轨、流星雨和延时视频》一书作者。

同时感谢严不语、胡杨等人提供的帮助，由于作者知识水平有限，书中难免有不妥和疏漏之处，恳请广大读者批评、指正，联系微信：2633228153。

编者

2020 年 7 月

Contents 目录

第 1 章 注册账号：成为 B 站正式大会员

1.1 管理账号：注册与升级 bilibili 会员 001
    1.1.1 注册会员：注册账号与激活验证 001
    1.1.2 会员升级：获得更多平台权益 003
    1.1.3 名人堂：优秀用户的荣誉象征 005

1.2 官方认证：彰显身份，获得官方优先合作 006
    1.2.1 知名 UP 主认证：bilibili 知名 UP 主 006
    1.2.2 身份认证：社会身份及职业 008
    1.2.3 专栏领域认证：优质专栏 UP 主 008
    1.2.4 企业认证：企业官方账号 010
    1.2.5 媒体认证：传统媒体及新媒体官方账号 011
    1.2.6 政府认证：政府机构官方账号 012
    1.2.7 组织认证：组织团体官方账号 013

1.3 会员福利：bilibili 大会员的 4 大特权 014
 1.3.1 内容特权：免费看、抢先看视频 014
 1.3.2 装扮特权：专属挂件，自主头图 016
 1.3.3 身份特权：游戏礼包，粉色昵称 019
 1.3.4 视听特权：音乐月卡，收听特权 022

第 2 章 平台运营：从小白到高手的技巧

2.1 平台功能：助你全面了解 bilibili 平台 023
 2.1.1 守护节操：正常使用平台的所有功能 023
 2.1.2 标签定位：为视频提供更自由的归类 026
 2.1.3 创建工单：客服留言的工单系统指南 027
2.2 分区投稿：了解平台的内容创作规则 029
 2.2.1 游戏区：在简介中给出游戏名称 029
 2.2.2 音乐区：推荐按照曲目"分 P"投稿 030
 2.2.3 娱乐区：三次元娱乐相关的动态 031
 2.2.4 动画区：各类型的二次创作视频 031
 2.2.5 影视分区：严禁盗版的影视资源 031
 2.2.6 舞蹈区：以舞蹈为主的相关内容 032
 2.2.7 生活区：转载时需给出转载信息 033
 2.2.8 数码区：数码产品延伸内容为主 034
 2.2.9 知识区：包罗万象人文科学为主 034
 2.2.10 鬼畜区：以音频调教创作为主体 035
 2.2.11 番剧区：动画资讯以及宣传预告 036
 2.2.12 国创区：国产动画相关原创内容 036
 2.2.13 时尚区：美妆服饰健身与风尚标 037
 2.2.14 放映厅：电视剧与电影相关内容 038

第 3 章
创作内容：让你的创作事半功倍

3.1 创作中心：获得更高的视频播放量 039
    3.1.1 创作学院：B 站的创作者教程平台 039
    3.1.2 创作日历：记录 UP 主发布稿件情况 040
    3.1.3 添加水印：吸引眼球，提高引流的效率 042
    3.1.4 电磁力：综合评估 UP 主能力的数值体系 045
    3.1.5 进步之星：提高电磁力，获得更多的权益 047
3.2 内容投稿：B 站发布内容的 3 个渠道 047
    3.2.1 视频投稿：发布爆款视频，轻松拥有百万级流量 047
    3.2.2 专栏投稿：内容为王，在同领域专栏中脱颖而出 050
    3.2.3 音频投稿：原创至上，以天籁之音征服用户 054

第 4 章
内容管理：提高内容创作的效率

4.1 投稿管理：一个爆款靠运气，一直爆款凭实力 057
    4.1.1 管理视频：让视频内容更优质 057
    4.1.2 管理专栏：内容是账号的核心 059
    4.1.3 管理音频：带来更好听觉体验 060
    4.1.4 管理相簿：提高用户创作效率 062
4.2 投稿规范：B 站的内容规则，必须要心知肚明 064
    4.2.1 非自制内容的范围 064
    4.2.2 对稿件信息的要求 064
    4.2.3 对稿件的其他规则 066
    4.2.4 对稿件内容的要求 066

4.2.5　版权相关注意事项 066

　4.3　手机编辑：通过手机快速编辑和管理投稿内容 068

　　4.3.1　视频上传：容量大小和时长限制 068

　　4.3.2　视频调整：设置画面的亮度参数 068

　　4.3.3　视频剪辑：对视频进行排序变速 070

　　4.3.4　使用转场：让视频转场更高级 072

　　4.3.5　添加贴纸：简单操作棒棒的效果 073

　　4.3.6　添加图片：让视频内容更加精彩 074

　　4.3.7　添加字幕：让视频显得更高级 076

　　4.3.8　声音处理：随心所欲地调整音色 077

　　4.3.9　添加滤镜：为视频添加多段滤镜 078

第 5 章　播放设置：B 站播放器使用指南

　5.1　功能介绍：B 站播放器的使用方法 080

　　5.1.1　播放预览：快速预览视频的内容 080

　　5.1.2　弹幕开关：一键轻松切换看弹幕 081

　　5.1.3　镜像画面：换个角度去观看视频 085

　　5.1.4　关灯模式：观看时自动调暗页面 086

　5.2　视频观看：轻松玩转哔哩哔哩视频 087

　　5.2.1　一集一季都看不够？——多视频切换观看 087

　　5.2.2　还想看更多精准内容？——试试索引功能 089

　　5.2.3　看到了喜欢的作品——追番、追剧更轻松 092

　　5.2.4　什么时候更新内容？——时间表一目了然 093

　5.3　相关问题：常见问题的自救方法 094

　　5.3.1　视频出现绿屏/白屏/黑屏如何解决？ 095

　　5.3.2　小电视一直抖动，无法载入怎么办？ 096

5.3.3 打开视频出现叹号，无法显示播放器怎么办？......096

5.3.4 视频出现 16 秒（无法播放）怎么办？......097

5.3.5 视频一直转圈加载，怎么办？......097

第6章 视频拍摄：打造10万观看量的爆款作品

6.1 内容策划：形成独特鲜明的人设标签 098

6.1.1 提高辨识度，打造人格化的 IP 098

6.1.2 确定剧情，设计高低落差和转折 100

6.1.3 选择真人出镜，获得更多流量 101

6.1.4 场地环境美观，符合剧情走向 101

6.1.5 多种拍摄对象，绝佳的拍摄手法 102

6.1.6 拍摄题材多样化，不拘泥于形式 109

6.1.7 创意视频：把热点抓住，想不火都难 110

6.2 拍摄技巧：轻松拍出百万点赞量作品 111

6.2.1 购买拍摄设备，符合实际需求 111

6.2.2 配置录音设备，按性价比进行选择 113

6.2.3 利用灯光设备，增强视频美感度 114

6.2.4 学会取景构图，让观众聚焦主体 115

6.2.5 巧用运镜手法，迅速拍出大片质感 116

第7章 直播录制：让"流量"变"销量"

7.1 成为主播：当红主播就是你 118

7.1.1 设备配置：计算机、网络和麦克风 119

7.1.2 开通直播：实名认证 120

7.2 直播工具：合格主播必备技能 123

7.2.1 下载软件：安装直播应用 123

7.2.2 分区选择：选择直播类型 124

7.3 直播玩法：你还不知道就晚了 126

7.3.1 主播等级：获得更多积分和特权 126

7.3.2 主播 SAN 值：营造良好的直播氛围 128

7.3.3 粉丝勋章：与粉丝亲密度的体现 129

7.3.4 主播舰队：让粉丝成为你的船员 131

7.3.5 直播看板娘：帮助主播答谢粉丝 133

7.3.6 主播轮播：多个直播的循环播放 134

第 8 章 后期剪辑：轻松玩视频编辑工具

8.1 云剪辑：云渲染，无须导出直接投稿 138

8.1.1 熟悉软件：云剪辑的特点和设备入口 139

8.1.2 导入素材：在云剪辑中导入本地素材 140

8.1.3 剪辑视频：轻松调整视频素材的长度 142

8.1.4 添加转场：让视频过渡更加平滑自然 144

8.1.5 音频处理：在云剪辑中分离视频原声 146

8.2 剪映：操作简单，新人可快速上手 147

8.2.1 添加滤镜：让视频变得大气又酷炫 148

8.2.2 添加特效：让视频动画更加流畅 149

第 9 章 引流吸粉：实力圈粉就这么简单

9.1 内部推广：打造个人私域流量池 151
- 9.1.1 B 站动态引流 151
- 9.1.2 弹幕与评论引流 154
- 9.1.3 认证引流 157
- 9.1.4 福利引流 158
- 9.1.5 矩阵账号引流 159
- 9.1.6 互推引流 159
- 9.1.7 内容造势引流 160
- 9.1.8 个人简介引流 162

9.2 引流推广：B 站的视频分享渠道 163
- 9.2.1 微信引流 163
- 9.2.2 QQ 引流 164
- 9.2.3 酷安引流 165
- 9.2.4 微博引流 166
- 9.2.5 更多引流 166

第 10 章 互动管理：做好粉丝运营的关键

10.1 评论管理：让你开心互动，没有烦恼 167
- 10.1.1 视频评论管理 167
- 10.1.2 专栏评论管理 171

10.2 弹幕管理：奇葩搞笑，让你笑到脸抽筋 173
- 10.2.1 普通弹幕管理 173

10.2.2	高级弹幕管理	175
10.2.3	弹幕过滤屏蔽	177

10.3 粉丝管理：提升粉丝管理的使用体验 181
  10.3.1 查看粉丝列表 181
  10.3.2 打造应援团粉丝群 182

第 11 章
数据运营：提升粉丝存留率和活跃度

11.1 视频数据：掌握数据分析能力很关键 184
  11.1.1 播放完成率分析 184
  11.1.2 增量数据趋势分析 187
  11.1.3 视频播放量排行分析 188
  11.1.4 播放终端占比分析 189
  11.1.5 各分区占比排行分析 190
  11.1.6 游客画像分析 191

11.2 专栏数据：用数据说话，提高竞争力 192
  11.2.1 阅读趋势总览分析 192
  11.2.2 查看专栏专辑的数据 193

11.3 观众分析：让视频内容更受粉丝欢迎 193
  11.3.1 活跃粉丝度分析 194
  11.3.2 新增用户趋势 194
  11.3.3 新增粉丝来源分析 195
  11.3.4 粉丝排行分析 195
  11.3.5 粉丝画像 196

11.4 排行榜：查看榜单排名及变化趋势 197
    11.4.1 "B 站 UP 主数据排行"小程序 198
    11.4.2 "BiliOB 观测者"网站 200

第 12 章 商业变现：让你的才华产生价值

12.1 收益管理：基础变现 203
    12.1.1 装扮变现 203
    12.1.2 "会员购"变现 205
    12.1.3 广告变现 206
12.2 官方扶持：快速变现 206
    12.2.1 充电计划 206
    12.2.2 激励计划 208
    12.2.3 绿洲计划 209
12.3 其他渠道：增加收入 210
    12.3.1 橱窗变现 210
    12.3.2 课程变现 211
    12.3.3 直播变现 211
    12.3.4 公众号变现 212
    12.3.5 淘宝变现 215
    12.3.6 官网变现 216

bilibili

哔哩哔哩

第 1 章
注册账号：成为 B 站正式大会员

随着抖音、快手等短视频平台大火之后，B 站（全名 bilibili 或哔哩哔哩）被业内人士认为是最有可能破圈的一个平台。随着《后浪》宣传片引发热议后，越来越多的企业号和个人营销号开始重新认识 B 站，并开始入驻 B 站。本章介绍的是 B 站账号的注册使用和基本概况。

1.1 管理账号：注册与升级 bilibili 会员

相对界面简单、易上手的抖音、快手而言，B 站移动客户端和网页端的功能更多，同时操作难度也更大，下面笔者将简单梳理 B 站功能，让新人迅速上手。

1.1.1 注册会员：注册账号与激活验证

B 站账号登录操作容易上手，下面笔者将具体演示 B 站的登录操作。

Step 01 UP 主（英文名称为 Uploader，指的是在网络平台上的音视频内容发布者）首先打开 B 站移动客户端，进入"我的"界面，点击左上角的头像，如图 1-1 所示。

Step 02 操作完成后，"我的"界面会弹出登录弹窗，点击"本机号码一键登录"按钮，即可快速完成注册和登录操作，如图 1-2 所示。

Step 03 如果 UP 主在登录弹窗界面点击的是"其他方式登录"，操作完成后，手机会自动跳转至"手机号登录注册"界面，如图 1-3 所示。

Step 04 在"手机号登录注册"界面完成手机号码验证，点击"验证登录"按钮，即可完成登录操作，如图 1-4 所示。

Step 05 登录成功后，在"我的"界面依次点击"设置"|"安全隐私"|"账号安全中心"|"设置密码"选项，进入"账号安全"界面。

图 1-1 "我的"界面

图 1-2 "登录"弹窗

图 1-3 其他方式登录

图 1-4 "手机号登录注册"界面

Step 06 ❶在"账号安全"界面点击"获取验证码"按钮；❷在输入框中输入已获取的验证码；❸点击"下一步"按钮，如图 1-5 所示。

Step 07 跳转至新的"账号安全"界面，按要求输入新密码，点击"下一步"按钮，完成验证，重新登录即可完成注册和登录操作，如图 1-6 所示。

第 1 章 注册账号：成为 B 站正式大会员

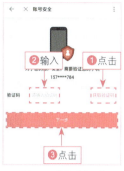

图 1-5 获取验证码

图 1-6 输入新密码

1.1.2 会员升级：获得更多平台权益

用户在 B 站看视频时共有游客、注册用户、转正用户、大会员和年度大会员 5 种身份。

（1）游客：如果用户未登录客户端浏览 B 站，观看站内视频时是临时身份，即我们常说的游客身份。

（2）注册用户：当用户注册并使用该账号登录 B 站时，其身份为注册用户，如图 1-7 所示。

（3）转正用户：当注册用户通过社区答题测试之后，即可成为转正用户，如图 1-8 所示。

图 1-7 注册用户

图 1-8 转正用户

（4）大会员：大会员是 B 站推出的付费会员产品，如图 1-9 所示。

（5）年度大会员：年度大会员是 B 站推出的付费年度会员产品，在大会员的基础上享有更多福利，如图 1-10 所示。

图 1-9　大会员

图 1-10　年度大会员

年度大会员和普通大会员享有的权益主要体现在游戏礼包、会员购、B 币券和粉色昵称上，如图 1-11 所示。在笔者看来，B 站 UP 主想要吸粉引流，可以先开通年度会员，这样不仅能让自己的账号更容易让人记住，还能开通更多引流变现渠道。

图 1-11　普通大会员和年度大会员的区别

对于 UP 主而言，开通 B 站大会员的操作如下：

Step 01 UP 主打开 B 站客户端后，进入"我的"界面，点击"我的大会员"按钮。执行操作后，进入"大会员"界面。

Step 02 如果该账号还不是大会员，则点击"开通大会员"按钮；如果该账号已经是大会员,则点击"续费大会员"按钮。笔者在此以第二种情形为例进行介绍,如图1-12所示。

Step 03 跳转至"成为大会员"界面,选择自己想要购买的大会员套餐,笔者以选择"连续包年"套餐为例,点击"立即以148元续费"按钮,即可完成大会员开通或续费操作,如图1-13所示。

图1-12 点击"续费大会员"按钮

图1-13 点击"立即以148元续费"按钮

1.1.3 名人堂:优秀用户的荣誉象征

法国有先贤祠,里面安葬着伏尔泰、卢梭等为法兰西做过巨大贡献的名人;美国有 NBA 名人堂,一般来说入选名人堂的人都是对篮球事业有巨大贡献的人。B 站也借用了这个概念,建立了一个网络虚拟的名人堂,里面展示的是对 B 站做出过或正在做出贡献的优秀用户,这对于 UP 主来说是一种莫大的荣誉象征。图1-14 所示为 B 站名人堂 UP 主名单(部分)。

图1-14 B 站名人堂 UP 主名单(部分)

并不是所有 UP 主都能入选 B 站名人堂，只有以下 3 类 UP 主才有资格入选 B 站名人堂：

（1）UP 主在 B 站有一定知名度，并且生产了优秀作品。
（2）对 B 站有特殊贡献。
（3）其他情况。

☆专家提醒☆

B 站名人堂上一次更新还是 2010 年左右，但不排除官方以后还会继续更新。不过值得注意的是，当前名人堂 UP 主大多是 B 站创立后一两年内的突出人物。截至 2020 年 6 月，名人堂名单中有些 UP 主已经销声匿迹了，有些 UP 主的活跃场所已经不是 B 站了，甚至有些 UP 主已经成了 B 站的员工。

1.2 官方认证：彰显身份，获得官方优先合作

获得官方认证（也就是加 V）的 B 站账号，不仅能彰显出身份的特殊性，而且其权重比未认证的账号要高，获得官方推荐的可能性也比较大。

B 站官方认证共分为两大类，具体细分如表 1-1 所示。

表 1-1　B 站官方认证分类

微信	认证分类	分类说明
个人认证	知名 UP 主认证	bilibili 知名 UP 主
	身份认证	社会身份及职业
机构认证	政府认证	政府官方账号
	企业认证	企业官方认证
	媒体认证	传统媒体及新媒体官方账号
	组织认证	校园、公益组织、社会团体等官方账号

1.2.1 知名 UP 主认证：bilibili 知名 UP 主

对于 B 站用户而言，其知名 UP 主认证步骤很简单，只要 UP 主账号符合条件，审核时间也很短。

Step 01 UP 主打开 B 站客户端，进入"我的"界面，依次点击"设置"|"账号资料"按钮，进入"账号资料"界面，点击"哔哩哔哩认证"选项，如图 1-15 所示。

Step 02 执行操作后，跳转至"哔哩哔哩认证"界面，点击"个人认证"栏目下的"知名 UP 主认证"卡片，如图 1-16 所示。

图 1-15　"账号资料"界面

图 1-16　"哔哩哔哩认证"界面

Step 03 跳转至申请认证界面，当 UP 主账号满足"粉丝数累计≥10 万""相关投稿数≥1""转正会员""绑定手机用户""提交实名认证"5 个条件时，即可提交资质，申请认证。图 1-17 所示为不满足"粉丝数累计≥10 万"的 B 站账号。

通过官方审核后，知名 UP 主认证信息会显示在 UP 主个人空间下方，如图 1-18 所示。

图 1-17　无法申请认证的账号

图 1-18　知名 UP 主认证信息

1.2.2 身份认证：社会身份及职业

知名 UP 主认证主要针对的是已经拥有大量 B 站粉丝的 UP 主，但如果新人 UP 主是其他平台转过来的，那么该 UP 主肯定不符合"粉丝数累计≥10 万"这个条件。在这种情况下，新人 UP 主可以选择身份认证，下面是身份认证的具体申请步骤。

Step 01 UP 主打开 B 站手机客户端，进入"我的"界面。在该界面依次点击"设置"|"账号资料"|"哔哩哔哩认证"选项，进入"哔哩哔哩认证"界面。

Step 02 在"哔哩哔哩认证"界面点击"个人认证"栏目下的"身份认证"卡片，如图 1-19 所示。

Step 03 执行操作后，跳转至申请认证界面。当 UP 主满足"站外粉丝≥50 万""转正会员""绑定手机用户""提交实名认证"4 个条件时，即可点击下方的"申请"按钮，如图 1-20 所示。

Step 04 跳转至资料填写界面，UP 主按照 B 站官方要求如实填写信息，点击下方的"提交申请"按钮，耐心等待审核通知即可，如图 1-21 所示。

图 1-19 "哔哩哔哩认证"界面　　图 1-20 申请认证界面　　图 1-21 资料填写界面

1.2.3 专栏领域认证：优质专栏 UP 主

优质专栏 UP 主的认证条件更为宽松，下面是笔者演示的认证步骤。

Step 01 UP 主打开 B 站手机客户端，进入"我的"界面。在该界面依次点击"设

置"|"账号资料"|"哔哩哔哩认证"选项,进入"哔哩哔哩认证"界面。

Step 02 在"哔哩哔哩认证"界面点击"个人认证"栏目下的"专栏领域认证"卡片,如图 1-22 所示。

Step 03 执行操作后,跳转至"bilibili 专栏·优质 UP 主认证"界面,点击下方的"立即申请"按钮,如图 1-23 所示。

图 1-22 "哔哩哔哩认证"界面

图 1-23 点击"立即申请"按钮

Step 04 跳转至资料填写界面,UP 主按照 B 站官方要求如实填写信息,点击下方的"提交信息"按钮,耐心等待审核通知即可,如图 1-24 所示。

通过审核后,优质 UP 主认证信息会显示在 UP 主个人空间里,如图 1-25 所示。

图 1-24 点击"提交信息"按钮

图 1-25 优质 UP 主认证信息

1.2.4 企业认证：企业官方账号

企业认证步骤简单，需要准备身份证、营业执照、授权确认函等相关资料。

Step 01 UP 主打开 B 站手机客户端，进入"我的"界面。在该界面依次点击"设置"|"账号资料"|"哔哩哔哩认证"选项，进入"哔哩哔哩认证"界面。

Step 02 在"哔哩哔哩认证"界面点击"机构认证"栏目下的"企业认证"卡片，如图 1-26 所示。

Step 03 跳转至资料填写界面，UP 主按照 B 站官方要求如实填写并提交信息，耐心等待审核通知即可，如图 1-27 所示。

图 1-26　"哔哩哔哩认证"界面

图 1-27　资料填写界面

通过官方审核后，企业认证信息会显示在 UP 主的个人空间里，如图 1-28 所示。

图 1-28　企业认证信息

1.2.5 媒体认证：传统媒体及新媒体官方账号

媒体认证步骤简单，也需要准备身份证、营业执照、授权确认函等相关资料。

Step 01 UP 主打开 B 站手机客户端，进入"我的"界面。在该界面依次点击"设置"|"账号资料"|"哔哩哔哩认证"选项，进入"哔哩哔哩认证"界面。

Step 02 在"哔哩哔哩认证"界面点击"机构认证"栏目下的"媒体认证"卡片，如图 1-29 所示。

Step 03 跳转至资料填写界面，UP 主按照 B 站官方要求如实填写并提交信息，耐心等待审核通知即可，如图 1-30 所示。

图 1-29 "哔哩哔哩认证"界面

图 1-30 资料填写界面

通过官方审核后，媒体认证信息会显示在 UP 主的个人空间里，如图 1-31 所示。

图 1-31 媒体认证信息

1.2.6 政府认证：政府机构官方账号

政府认证除了需要准备相关资料外，还需要提供政府全称、行政级别等信息。

Step 01 UP 主打开 B 站手机客户端，进入"我的"界面。在该界面依次点击"设置"|"账号资料"|"哔哩哔哩认证"选项，进入"哔哩哔哩认证"界面。

Step 02 在"哔哩哔哩认证"界面点击"机构认证"栏目下的"政府认证"卡片，如图 1-32 所示。

Step 03 跳转至资料填写界面，UP 主按照 B 站官方要求如实填写并提交信息，耐心等待审核通知即可，如图 1-33 所示。

图 1-32　"哔哩哔哩认证"界面

图 1-33　资料填写界面

通过官方审核后，政府认证信息会显示在 UP 主的个人空间里，如图 1-34 所示。

图 1-34　政府认证信息

1.2.7 组织认证：组织团体官方账号

组织认证除了需要准备相关资料外，还需要提供组织名称等信息。

Step 01 UP主打开B站手机客户端，进入"我的"界面。在该界面依次点击"设置"|"账号资料"|"哔哩哔哩认证"选项，进入"哔哩哔哩认证"界面。

Step 02 在"哔哩哔哩认证"界面点击"机构认证"栏目下的"组织认证"卡片，如图1-35所示。

Step 03 跳转至资料填写界面，UP主按照B站官方要求如实填写并提交信息，耐心等待审核通知即可，如图1-36所示。

图1-35 "哔哩哔哩认证"界面

图1-36 资料填写界面

通过官方审核后，组织认证信息会显示在UP主的个人空间里，如图1-37所示。

图1-37 组织认证信息

1.3 会员福利：bilibili 大会员的 4 大特权

UP 主开通 B 站大会员，不仅可以享受 bilibili 大会员的 4 大特权，还能因此获得更多的引流变现渠道。

1.3.1 内容特权：免费看、抢先看视频

在内容上，B 站大会员拥有免费看、抢先看、超清看、漫读券特权。图 1-38 所示为 B 站官方贴出的内容特权介绍。

图 1-38 大会员的内容特权

1．免费看

在内容生态上，B 站和腾讯视频、爱奇艺视频、优酷视频等不一样，它的视频主要是专业用户原创视频（Professional User Generated Video，PUGV），即 UP 主上传的原创视频。

B 站除了有以上所说的 PUGV 内容外，近几年 B 站也开始引进 OGV 内容（Occupationally Generated Video，指的是"专业机构生产内容"），购买相关影视作品版权，如《碟中谍》《2001 漫游太空》等影视作品皆可在 B 站观看。截至 2020 年，B 站现有的 OGV 资源主要有纪录片、电影、电视剧、综艺、国创和番剧等。其中，部分 OGV 内容普通用户需要付费才能观看，会员可以免费或半价观看，如图 1-39 所示。

第 1 章 注册账号：成为 B 站正式大会员

图 1-39 大会员"免费看"的影片

2．抢先看

"抢先看"是指大会员能抢先观看影视剧集的最新内容，而普通用户则需要付费才能观看，如图 1-40 所示。

图 1-40 大会员"抢先看"的影片

3．超清看

在画质清晰度上大会员也拥有特权，例如，动漫《大理寺日记》虽然普通用户

015

也能免费观看,但是大会员可以选择高清 1080P+ 的画质观看,享受更高画质带来的观影体验,如图 1-41 所示。

图 1-41 大会员的"超清看"特权

4. 漫读券

大会员每月可免费领取漫读券,用于观看 B 站付费漫画。其中年度大会员每月可领取 10 张漫读券,月度大会员每月可领取 5 张漫读券,如图 1-42 所示。

图 1-42 大会员的"漫读券"特权

1.3.2 装扮特权:专属挂件,自主头图

在装扮上,B 站大会员拥有专属挂件、空间自主头图、评论表情、动态卡片装扮特权。图 1-43 所示为 B 站官方贴出的装扮特权介绍。

图 1-43 大会员的装扮特权

1．专属挂件

大会员可免费领取专属挂件，用于装扮自己的头像，可以展示在评论区、个人空间等位置，如图 1-44 所示。

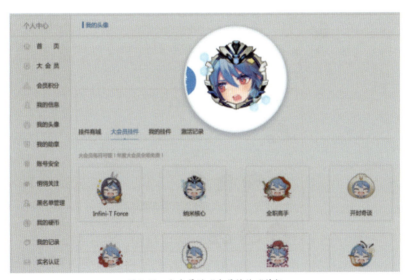

图 1-44 大会员的"专属挂件"特权

2．空间自主头图

大会员可上传个性化图片来装扮个人空间头图，让自己的空间主页独具魅力，如图 1-45 所示。

图 1-45 大会员的"空间自主头图"特权

3．评论表情

大会员可在评论区发送评论表情，让自己的语言表达更具个性化。图 1-46 所示为 B 站独具特色的表情。

图 1-46 大会员的"评论表情"特权

4．动态卡片装扮

大会员可以免费使用大会员专属动态卡片装扮，用于装扮自己的动态卡片。在有效期内，大会员可在客户端随意使用专属动态卡片，如图 1-47 所示。

第1章 注册账号：成为B站正式大会员

图1-47 大会员的"动态卡片装扮"特权

1.3.3 身份特权：游戏礼包，粉色昵称

在装扮上，B站年度大会员拥有游戏礼包、会员购、B币券、粉丝昵称特权。图1-48所示为B站官方贴出的装扮特权介绍。

图1-48 大会员的身份特权

1．游戏礼包

B站积极和游戏方合作，推出了一系列优秀的游戏，如《少女前线》《只只大冒险》

019

《碧蓝航线》《崩坏 3》等。值得一提的是，根据 B 站招股书中的数据显示，游戏是 B 站最大的收入业务，其占比高达 83.4%，起步稍晚的直播和广告占比较低，加起来也不过 13.6%，如图 1-49 所示。

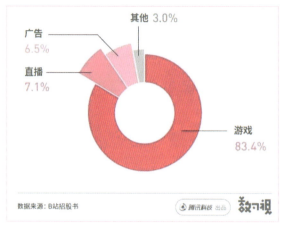

图 1-49　B 站业务营销占比

B 站已经成为国内最大的单机游戏集散地，在游戏区我们能搜到大量的游戏解说 UP 主。B 站为持续发展游戏业务，会推出一些游戏优惠，譬如年度大会员可以在游戏礼包中心领取不同游戏的多款超值礼包，如图 1-50 所示。

图 1-50　年度大会员的"游戏礼包"特权

2．会员购

2017 年 B 站上线了自己的电商平台——"会员购"，主要销售手办、周边、漫展演出门票、漫画图书等与二次元相关的产品。年度大会员可以领取会员购优惠券，如图 1-51 所示。

图 1-51　年度大会员的"会员购"特权

3．B 币券

B 币券是 B 站的虚拟货币，可用于承包番剧、给 UP 主充电、兑换金瓜子（金瓜子可用来打赏主播）、购买漫读券等。根据 B 站官方的规定，年度大会员每月可以领取 5 个 B 币券。

4．粉色昵称

普通用户的昵称是黑色字体，而年度大会员的昵称是以粉色高亮的方式显示，如图 1-52 所示。

图 1-52　年度大会员的"粉色昵称"特权

1.3.4 视听特权：音乐月卡，收听特权

大会员可在有效期内畅听 SQ 无损音质音乐，试听海量付费歌曲（限在中国大陆地区使用），每月可下载 600 首付费音乐（部分音乐因版权限制在大会员到期后无法在本地使用），如图 1-53 所示。

图 1-53　大会员的视听特权

第 2 章
平台运营：从小白到高手的技巧

　　B 站和腾讯视频、爱奇艺视频、优酷视频最大的不同有两点：第一点是 B 站的功能相对复杂，第二点是 UP 主可以分类上传视频到内容区。本章主要针对这两点进行介绍，让 UP 主掌握 B 站平台运营的技巧。

2.1 平台功能：助你全面了解 bilibili 平台

　　B 站是一个多元化的平台，UP 主在这个平台上不仅可以发布短视频、开启直播，还可以像微信公众号一样发布文章。下面对 B 站的功能进行简单介绍，帮助 UP 主全面了解 B 站这个平台。

2.1.1 守护节操：正常使用平台的所有功能

　　"节操值"是衡量 UP 主言行的一个数值，该数值越高说明 UP 主言行越好，如果 UP 主节操值过低，会导致 UP 主无法使用 B 站某些常用功能。至于 UP 主如何查看和守护自己的节操值，下面将进行详细讲述。

Step 01　UP 主用计算机打开 B 站网页端，将光标放置在头像上，如图 2-1 所示。

☆专家提醒☆

节操值的用处如下：
（1）当 60≤节操值＜70 时，UP 主可正常使用网站的所有功能。
（2）当 30≤节操值＜60 时，UP 主无法进行部分操作，如发布弹幕、发布评论、发送私信等；
（3）当节操值＜30 时，UP 主无法进行部分操作，如发布弹幕、发布评论、发送私信等，还有可能进一步缩小 UP 主的其他权限。

图 2-1 光标放置在头像上

Step 02 执行操作后弹出个人主页卡片，单击其中的"个人中心"选项，如图 2-2 所示。

图 2-2 个人主页卡片

Step 03 跳转至"个人中心"界面，单击该界面下方的"我的记录"按钮，如图 2-3 所示。

图 2-3 "个人中心"界面

Step 04 执行操作之后，会自动跳转至"我的记录"界面，UP 主在该界面可以看到"登录记录""节操记录""经验记录"3 个选项。单击"节操记录"选项即可，如图 2-4 所示。

图 2-4 "我的记录"界面

Step 05 跳转至"节操记录"界面，可以从该界面看出示例账号的节操值为 70，言行记录良好，该 UP 主可正常使用 B 站的所有功能，如图 2-5 所示。

图 2-5 "节操记录"界面

UP 守护节操值的小技巧：

（1）不发布相同内容的视频或专栏。

（2）不发布广告痕迹明显的视频或专栏。

（3）不发布涉及色情、引战、政治、人身攻击、视频剧透、猎奇和血腥暴力的视频或专栏。

（4）每天坚持登录 B 站客户端（每天登录可以恢复 1 点节操值，节操值累计恢复到 70 后，系统将自动停止恢复节操值）。

2.1.2 标签定位：为视频提供更自由的归类

B 站的视频标签主要有以下两个作用：

（1）准确的标签能让视频更好地分类，让用户和粉丝通过标签就能了解该视频的内容和类型。

（2）合适的标签能让视频得到有效的曝光，吸引更多感兴趣的用户。

UP 主添加和删除视频标签的方法很简单，笔者将在下文进行详细分析。

Step 01 进入计算机端的个人空间，单击想要修改标签的视频，如图 2-6 所示。

图 2-6　个人空间

Step 02 执行操作之后，跳转至视频播放界面，单击视频下方右侧的 + 按钮，如图 2-7 所示。

图 2-7　视频播放界面

Step 03 弹出输入框后,UP 主可在输入框中输入自己想要添加的标签,输入完成成后,按 Enter 键即可完成添加标签操作,如图 2-8 所示。

Step 04 如果 UP 主想要删除某个标签,只要❶将光标放置在该标签上,弹出标签详情提示框;❷单击"删除"按钮即可,如图 2-9 所示。

图 2-8 弹出输入框

图 2-9 标签详情弹窗

Step 05 执行完操作后,在标签详情弹窗上继续弹出一个"确定要删除该标签吗"提示框,确认标签无误后,单击"删除"按钮即可,如图 2-10 所示。

图 2-10 单击"删除"按钮

2.1.3 创建工单:客服留言的工单系统指南

在 B 站平台内,留言即创建工单,具体操作如下。

Step 01 打开 B 站移动客户端,进入"我的"界面,依次点击"设置"|"我的客服"按钮。

Step 02 进入"客服中心"界面,选择留言类型。此处以选择"账号资料"选项为例,如图 2-11 所示。

Step 03 执行操作后,进入"智能姬 - 账号"界面,❶点击右下角的⊕按钮,弹出相应面板;❷点击"留言"按钮,如图 2-12 所示。

图 2-11 "客服中心"界面

图 2-12 "智能姬-账号"界面

Step 04 执行操作后,弹出"选择要留言的业务"提示框,选择留言类型,这里依旧以选择"账号问题"为例,如图 2-13 所示。

Step 05 跳转至"留言"界面,按照 B 站官方要求填写留言内容,点击"提交"按钮,即可完成创建工单操作,如图 2-14 所示。

图 2-13 "选择要留言的业务"提示框

图 2-14 "留言"界面

2.2 分区投稿：了解平台的内容创作规则

B 站按照内容将网站分为多个区，每个区对应一种视频类型，且都有不同的创作规则，这是 UP 主必须了解的。

2.2.1 游戏区：在简介中给出游戏名称

游戏区支持投稿的内容有单机游戏视频、网络游戏视频、电子竞技视频、手机游戏视频、桌游棋牌视频、MUGEN（一款由美国的 Elecbyte 小组使用 C 语言与 Allegro 程序库开发的免费的 2D 格斗游戏引擎）游戏视频、GMV 视频（由游戏素材制作的 MV 视频）等。

此外，UP 主还需要了解游戏区的相关要求：

（1）禁止出现利用外挂或漏洞进行游戏的内容。
（2）禁止公布游戏外挂、漏洞和修改教程。
（3）禁止出现网游私服宣传信息。
（4）禁止在他人的 GMV 视频上进行第 3 次剪辑。
（5）禁止投稿 18 禁游戏内容。

UP 主打开游戏区即可看到，B 站根据投稿内容将游戏区细分成了推荐、单机游戏、电子竞技、手机游戏、网络游戏、桌游棋牌、GMV、音游、MUGEN 等栏目，如图 2-15 所示。

图 2-15　游戏区

2.2.2 音乐区：推荐按照曲目"分P"投稿

在 B 站上传音乐专辑类视频可以"分 P"上传，"分 P"这个词应该是 B 站创造的，简单来说，它指的是音乐专辑类视频支持分集上传，如图 2-16 所示。

图 2-16 "分 P"上传的音乐视频

音乐区可以分为推荐、原创音乐、翻唱、电音、Vocaloid·UTAU（以 Vocaloid 和 UTAU 引擎为基础，以各类音源为素材进行音乐歌曲类创作的视频）、演奏、MV、音乐现场、音乐综合等栏目，如图 2-17 所示。

图 2-17 音乐区

2.2.3 娱乐区：三次元娱乐相关的动态

娱乐区可以分为推荐、综艺、明星、KOREA 相关（韩国电视、综艺和明星动态等）4 个栏目，如图 2-18 所示。UP 主在该分区投稿时，如果稿件内容属于综艺类型，那么需要在标题中注明节目名称；如果 UP 主投稿的内容属于明星动态，那么需要在标题中注明明星名字。

图 2-18　娱乐区

2.2.4 动画区：各类型的二次创作视频

B 站将动画区分为推荐、MAD·AMV（具有一定制作程度的动画二次创作）、MMD（使用 MikuMikuDance 等软件制作的视频）、短片·手书·配音、特摄（以特摄片为素材进行二次创作的视频）、手办·模玩、综合等栏目，如图 2-19 所示。

图 2-19　动画区

2.2.5 影视分区：严禁盗版的影视资源

影视分区可以分为推荐、影视杂谈（对影视剧导演、演员、剧情、票房等方面进行解读和分析，包括但不限于影视评论、影视解说、影视吐槽、影视科普、影视配音等）、影视剪辑（基于影视剧素材进行二次创造）、短片（具有一定故事的短片或微电影）、预告·资讯（与影视剧预告片相关的视频）等栏目，如图 2-20 所示。

图 2-20　影视分区

如果 UP 主想要在影视分区投稿，需要了解一下影视分区的投稿要求，如下：

（1）封面图片不能出现强烈性暗示的身体特写或血腥恐怖画面。

（2）不得使用低俗和过于夸大的视频标题。

（3）不得恶意使用与视频内容无关的标题或封面，或利用过于容易令人引起不适，以及存在严重误导或诱导式图文作为封面和标题。

（4）如果 UP 主的视频是搬运视频，必须注明原作者和转载地址。

（5）禁止在影视分区倒卖盗版视频资源。

2.2.6　舞蹈区：以舞蹈为主的相关内容

舞蹈区主要发布与舞蹈相关的内容，包括练习室、舞蹈 MV、翻跳、即兴、杂谈等。它主要分为推荐、宅舞、街舞、明星舞蹈、中国舞、舞蹈综合、舞蹈教程等栏目，如图 2-21 所示。

UP 主在舞蹈区投稿时，需要注意以下问题：

（1）B 站官方建议视频标题采用"【作者】曲名/编曲名"的格式。

（2）视频中不能出现露底裤等低俗内容。

（3）Live（直播）录制内容一律分类为转载，有 UP 主自己参与的例外。

（4）自制稿件建议在简介中给出舞者名、社团名、曲目名等信息。

（5）转载的舞蹈稿件需注明原作者和地址。

（6）二次创作的舞蹈内容，B 站官方建议 UP 主贴出原作链接。

第 2 章 平台运营：从小白到高手的技巧

图 2-21　舞蹈区

2.2.7　生活区：转载时需给出转载信息

生活区主要分为推荐、搞笑、日常、动物圈、美食圈、手工、绘画、运动、汽车、其他等栏目，如图 2-22 所示。

图 2-22　生活区

UP 主在生活区投稿绘画内容时，需要注意以下问题：

（1）UP 主投稿的绘画类型可以包括原创、同人、二次创作等，同时 B 站官方也允许 UP 主搬运和转载。

（2）如果 UP 主所上传的绘画作品是临摹作品，那么 UP 主需要在标题上注明"临摹"。

（3）严禁将盗图标明自制。

（4）本区不接受非绘图类作品（如摄影作品、游戏视频等）。

（5）二次创作的绘画作品 B 站官方建议标明原作者和出处。

2.2.8 数码区：数码产品延伸内容为主

数码区主要发布内容以数码产品为主，可以分为推荐、手机平板、电脑装机、摄影摄像、影音智能等栏目，如图 2-23 所示。

图 2-23 数码区

2.2.9 知识区：包罗万象人文科学为主

知识区是 B 站新增的一个区，它主要分为推荐、科学科普、社科人文、财经、校园学习、职业职场、野生技术协会（技术展示或技能教学视频）等栏目，如图 2-24 所示。

图 2-24　知识区

2.2.10　鬼畜区：以音频调教创作为主体

"鬼畜视频"指的是以音频调教创作为主体的二次创作视频。除鬼畜剧外，它要求视频的素材创作和 BGM（背景音乐）有节奏同步。

鬼畜区是 B 站最古老的一个内容区，根据鬼畜作品内容可以分为推荐、鬼畜调教（使用素材在音频、画面上做一定处理，达到 BGM 一定的同步感）、音 MAO（使用素材音频进行一定的二次创作来达到还原原曲的非商业性质稿件）、人力 VOCALOID（将人物或者角色的无伴奏素材进行人工调音）、教程演示（和鬼畜视频制作教程及演示相关的视频）等栏目，如图 2-25 所示。

图 2-25　鬼畜区

UP 主在鬼畜区投稿时，需要注意以下问题：

（1）以哔哩哔哩弹幕网作为"运营爆破"（精准定位市场客户，集中轰炸式营销）素材的视频，暂不予通过。至于B站以后是否改变此规则，UP主们可以密切关注B站的官方动态。

（2）对素材中的人物进行恶意诋毁和过分侮辱的视频，暂不予通过。至于B站以后是否改变此规则，UP主们可密切关注B站的官方动态。

（3）UP主使用他人音源与任意影像进行合成的视频，原创成分太低，不能算自制视频。

（4）转载自国外网站的鬼畜视频，UP主必须填写正确的视频源地址。

（5）转载自国内网站的鬼畜视频，UP主必须提供视频原标题、原作者与正确的视频链接。

（6）非鬼畜区作品UP主应该投往正确的内容区。

2.2.11 番剧区：动画资讯以及宣传预告

番剧区主要分为推荐、连载动画、资讯（与动画资讯相关的内容）、官方延伸等栏目，如图2-26所示。

图 2-26 番剧区

2.2.12 国创区：国产动画相关原创内容

国创区主要分为推荐、国产动画、国产原创相关（包含以国产动画、漫画、小说为素材的相关二次创作内容）、布袋戏、动态漫·广播剧（包含国产动态漫画、有声漫画、广播剧）和资讯（包含国产动画和漫画资讯、采访、现场活动的视频）等栏目，如图2-27所示。

图 2-27　国创区

B 站国创区投稿要求如下：

（1）封面不能涉及成人向素材，二次创作作品简介请注明 BGM 和使用素材。

（2）练习作品和没有完整剧情的毕业作品，都不属于国创分区内容，请根据内容投至其他分区。

2.2.13　时尚区：美妆服饰健身与风尚标

时尚区根据内容可分为推荐、美妆、服饰、健身、T 台（时尚品牌发布会秀场、后台花絮、模特混剪、采访及模特拍摄的时尚广告大片相关内容）和风尚标（时尚品牌媒体发布会现场、时尚购物相关及知识科普等内容）等栏目，如图 2-28 所示。

图 2-28　时尚区

2.2.14 放映厅：电视剧与电影相关内容

B 站除了有 PUGV 内容（专业用户原创内容）外，还有 OGV 内容（专业机构生产内容）。放映厅下的内容区基本都是 OGV 内容，B 站根据 OGV 内容的特点，可以分为推荐、纪录片、电影、电视剧、综艺等内容区，如图 2-29 所示。其中纪录片区还有更多栏目，譬如人文·历史·军事栏目、动物·自然·探索栏目、社会·生活·美食栏目等，如图 2-30 所示。

图 2-29　放映厅

图 2-30　纪录片区下的栏目

UP 主在放映厅投稿时应该注意以下问题：

（1）该分区只接受正片投稿，预告片和宣传片投稿至其他区。

（2）封面不能采用血腥、暴力等内容的素材。

（3）部分节目应版权方要求，限制 UP 主进行二次创作。

第3章
创作内容：让你的创作事半功倍

从内容上来看，快手、抖音的大部分用户只能发图片和短视频作品，而B站除了可以发图片和短视频外，还能投稿长视频、图文作品和音频作品。缘于B站功能繁多，很多UP主难以进行深入了解，本章主要讲解B站内容创作和投稿相关事宜。

3.1 创作中心：获得更高的视频播放量

B站为了提高UP主的视频制作水平，特意推出了创作中心。UP主能在创作中心找到很多优秀的教程，其中不乏推荐课程、声音处理、画面修改、视频合成、视频剪辑等技能教程。

3.1.1 创作学院：B站的创作者教程平台

创作学院位于B站客户端的创作中心栏目中，其中有丰富的教程，下面笔者将具体介绍进入创作学院的步骤。

Step 01 打开B站移动客户端，进入"我的"界面，点击"创作中心"栏目下的"创作首页"按钮，如图3-1所示。

Step 02 执行操作后，跳转至"创作中心"界面，点击"创作学院"按钮，如图3-2所示。

Step 03 跳转至"创作学院"界面，可以看到在该界面有推荐、取材创意、视频制作、个人运营、精选课程、新人专区、定制课程等栏目，如图3-3所示。UP主在该界面选好自己要学习的短视频后，可以直接跳转至该短视频的播放界面进行学习，如图3-4所示。

图 3-1 "我的"界面

图 3-2 "创作中心"界面

图 3-3 "创作学院"界面的栏目

图 3-4 播放界面

3.1.2 创作日历：记录 UP 主发布稿件情况

UP 主的创作日历在手机端和计算机端都可以查看，下面先具体讲解如何在手机端查看创作日历。

Step 01 打开 B 站移动客户端，依次点击"我的"|"创作首页"按钮。

Step 02 进入"创作中心"界面，点击"创作日历"按钮，如图 3-5 所示。

Step03 进入"创作日历"界面,点击 按钮,如图 3-6 所示。

图 3-5 "创作中心"界面　　　　　图 3-6 "创作日历"界面

Step04 执行操作后,日历列表会自动展开,UP 主点击其中一个 按钮,即可查看自己"创作纪念日"的创作详情。例如,案例中的账号在 6 月 1 日发布了稿件《4K【唯美星辰】耗时三年,就为了拍摄这一部星空作品,美不美你说了算!》,如图 3-7 所示。

图 3-7 日历列表

UP 主在计算机端查看创作日历相对来说烦琐一些,具体操作如下:

Step01 在计算机网页中打开 B 站官网,登录自己的账号后,单击右上角的"创作中心"按钮,如图 3-8 所示。

图 3-8 单击"创作中心"按钮

Step 02 操作完成后,跳转至"创作中心"界面,单击上方的"成为 UP 主的第 ××天"按钮。笔者以单击"成为 UP 主的第 298 天"按钮为例,如图 3-9 所示。

Step 03 弹出日历列表菜单,打开列表中的一个日期,UP 主即可查看自己当天的创作详情,如图 3-10 所示。

图 3-9 "创作中心"界面

图 3-10 日历列表菜单

3.1.3 添加水印:吸引眼球,提高引流的效率

B 站移动客户端和计算机网页端都可以给视频设置水印,下面先介绍在移动客户端给视频添加水印的操作。

Step 01 打开 B 站移动客户端,进入"我的"界面,依次点击"创作首页"|"更多功能"|"创作设置"按钮。

Step 02 进入"创作设置"界面,点击"水印设置"选项,如图 3-11 所示。

Step 03 跳转至"水印设置"界面,点击"添加水印"按钮,如图 3-12 所示。

Step 04 在"水印设置"界面点击"水印位置"选项,UP 主即可自定义水印位置,如图 3-13 所示。

图 3-11 "创作设置"界面　　图 3-12 "水印设置"界面　　图 3-13 点击"水印位置"选项

UP 主在设置好水印之后上传一个全新视频，然后打开视频进行预览，即可看到刚设置好的视频水印，如图 3-14 所示。

图 3-14 视频水印效果图

UP 主登录 B 站官网，进入"创作中心"界面，即可在计算机网页端设置水印，具体操作如下：

Step 01 进入 B 站官网，在"创作中心"界面单击"创作设置"按钮，如图 3-15 所示。

图 3-15 单击"创作设置"按钮

Step 02 执行操作后，网页会自动跳转至"创作设置"界面，单击"原创视频添加水印设置"选项右侧的蓝色"编辑"按钮，如图 3-16 所示。

图 3-16 "创作设置"界面

Step 03 网页自动展开"原创视频添加水印设置"面板后，单击"原创视频稿件添加水印"选项右侧的开关按钮即可开启水印，如图 3-17 所示。

图 3-17 "原创视频添加水印设置"面板

☆专家提醒☆

UP 主要注意的是，添加水印功能不是实时生效的，它是在下一个视频上传之后才能生效，在此之前的视频都是无水印的。因此，笔者建议 UP 主在开通账号后立即打开添加水印功能。

Step 04 接下来进行自定义水印的操作，在"原创视频添加水印设置"面板中单击"选择位置"按钮，如图 3-18 所示。

图 3-18 单击"选择位置"按钮

Step 05 在"原创视频添加水印设置"面板中自定义好水印位置,单击下方的"确认修改"按钮,如图 3-19 所示。

图 3-19 单击"确认修改"按钮

3.1.4 电磁力:综合评估 UP 主能力的数值体系

电磁力是 B 站自创的一个综合评价体系,主要用来综合评估 UP 主能力,其中评估标准分为创作力、影响力、信用分 3 项。

Step 01 打开B站移动客户端,进入"我的"界面,依次点击"创作首页"|"更多功能"|"创作实验室"按钮。

Step 02 执行操作后,进入"创作实验室"界面,点击"电磁力 beta"下的"查看详情"按钮,如图3-20所示。

Step 03 跳转至电磁力界面,点击"创作力""影响力""信用分"标签中的一个,笔者此处以点击"创作力"标签为例,如图3-21所示。

图3-20 "创作实验室"界面

图3-21 点击"创作力"标签

Step 04 跳转至"分值解读 beta"界面,UP主在此界面可以查看B站对自己创作力的综合评价,同时还能看到很多创作力分值很高的UP主,如图3-22所示。

图3-22 "分值解读 beta"界面

3.1.5 进步之星：提高电磁力，获得更多的权益

上一节已经讲到 UP 主如何查看自己账号的电磁力分值，但是很多新人 UP 主可能还不知道电磁力的意义。

（1）电磁力可以帮助 UP 主衡量自己近期的创作表现。

（2）电磁力决定 UP 主是否可以享有高级权益和商业权益，如 B 站的激励计划就会受电磁力分值的影响。

为什么电磁力只能帮助 UP 主衡量近期的创作表现？因为电磁力的三项评估标准是有时间限制的。

（1）创作力：对 UP 主近 1 年的原创投稿量、播放互动数据进行综合评估，分数范围为 0~100 分。

（2）影响力：考察 UP 主近 1 年的粉丝活跃情况，分数范围为 0~100 分。

（3）信用分：考察的是 UP 主稿件的合规情况，UP 主合规稿件越多则信用分越高，违规稿件越多则信用分越低。具体来说，UP 主每个违规稿件会扣 5 分电磁力；如果这周没有违规稿件则恢复 1 分电磁力；如果这周 UP 主没有违规，且有新稿件投递通过，那么将会恢复 3 分电磁力。

除了通过减少违规稿件来恢复电磁力外，UP 主还可以通过以下 4 种手段来提高自己的电磁力：

（1）积极投稿，持续输出优秀的作品。

（2）重视观众提出的反馈意见，积极尝试"创作学院"中的创作技巧，不断提升作品质量，获得更多粉丝的关注。

（3）积极参与社区的各项活动，加强与粉丝的互动。

（4）严格遵守 B 站的创作公约。

3.2 内容投稿：B 站发布内容的 3 个渠道

B 站内容投稿总共分为视频投稿、专栏投稿和音频投稿 3 个部分，下面将分 3 个小节，详细介绍它们的投稿流程和注意事项。

3.2.1 视频投稿：发布爆款视频，轻松拥有百万级流量

B 站内容区很多，为了减少误投现象，笔者建议 UP 主在选定视频素材和内容区

之后再正式开始视频投稿操作。

Step 01 进入"我的"界面，❶ 点击"发布"按钮，操作完成后，弹出一个选择菜单栏，❷ 点击菜单栏中的"上传"按钮，如图 3-23 所示。

图 3-23　"我的"界面

Step 02 执行操作后，跳转至"视频"界面，UP 主在该界面可以选择自己想要编辑的一个或多个视频素材，点击视频缩略图可以查看视频效果，确认无误后点击右上角的 ⊕ 按钮，如图 3-24 所示。

图 3-24　查看视频效果

Step 03 选择好视频素材以后，点击右上角的"下一步"按钮，如图 3-25 所示。

Step 04 在视频编辑页面下方可以进行剪辑、加滤镜等操作，UP 主编辑好视频之后，点击右上角的"下一步"按钮，如图 3-26 所示。

图 3-25　选择好视频素材

图 3-26　编辑视频

Step 05 执行操作后跳转至视频发布页面，UP 主在该界面中填写视频相关信息，点击右上角的"发布"按钮进行发布视频，如图 3-27 所示。值得 UP 主注意的是，发布的视频必须符合"哔哩哔哩创作公约"，如图 3-28 所示。

图 3-27　视频发布页面

图 3-28　哔哩哔哩创作公约

3.2.2 专栏投稿：内容为王，在同领域专栏中脱颖而出

B 站和抖音、快手的不同之处在于，抖音、快手最多只能发几分钟的短视频，而 B 站除了可以发短视频，还能发长视频，甚至还能开通专栏发文章。UP 主在专栏投稿之前要注意，新人需要申请开通专栏才能拥有专栏投稿权限。

1．开通专栏

开通专栏之前，UP 主需要准备自己写的文章或文章链接。

Step 01 进入 B 站移动客户端，❶点击底栏中的"频道"按钮，跳转至"频道"栏目；❷接着点击"分区"按钮，如图 3-29 所示。

Step 02 跳转至"分区"栏目，点击该栏目中的"专栏"图标，如图 3-30 所示。

图 3-29 "频道"

图 3-30 "专栏"

Step 03 跳转至"专栏"界面，点击该界面右上角的 图标，如图 3-31 所示。

Step 04 执行操作后跳转至"专栏开通申请"界面，分别输入原创文章或文章链接、创作的内容类型，点击下方的"提交申请"按钮，即可完成专栏开通申请操作，如图 3-32 所示。

☆专家提醒☆

B 站专栏是 2017 年下半年推出的新功能，它和 A 站的文章区不同，更像是网易云音乐的专栏。UP 主可以结合视频和专栏这两种不同的投稿方式进行自己的创作，例如，UP 主做一期舞蹈教程视频，专栏可以同步推出关于舞蹈的拓展知识，让粉丝对 UP 主的观点或内容更加深刻。

图3-31 "专栏"界面　　　　图3-32 "专栏开通申请"界面

在开通专栏后，UP主需要认真阅读，并严格遵守"专栏行为准则"，在日后专栏投稿过程中尽量避免违规操作，如图3-33所示。

图3-33 "专栏行为准则"（部分）

2．专栏投稿

在开始专栏投稿操作之前，UP主首先要查看自己是否已开通专栏投稿权限，其次要准备专栏文章和图片素材。

Step01 打开B站移动客户端，进入"我的"界面，点击"发布"按钮，如图3-34所示。

Step 02 执行操作后，弹出一个选择菜单栏，点击其中的"专栏"按钮，如图 3-35 所示。

图 3-34　点击"发布"按钮　　　　　　图 3-35　点击"专栏"按钮

Step 03 进入"专栏投稿"界面，UP 主可在此界面完成专栏文章编辑工作。在确认文章内容无误后，点击下方的"提交文章"按钮，如图 3-36 所示。

图 3-36　"专栏投稿"界面

UP 主在发布专栏之前也可以先了解一下 B 站的审核规则，具体如下：
（1）B 站管理员会严格执行国家制定的敏感词规则和"哔哩哔哩专栏规范"。
（2）专栏文章审核结果分为三种，分别是审核通过、被退回和被锁定。

(3）如果 UP 主的内容重复或严重违规，那么该专栏会被锁定，无法再进行编辑。

(4）未通过审核的内容会被退回，在未出现误判的情况下，B 站官方禁止 UP 主重投未经修改的内容。

3．查看专栏状态

当 UP 主专栏投稿完成之后，可以通过以下操作来查看专栏状态。

Step 01 UP 主先打开 B 站移动客户端，进入"我的"界面，点击"创作中心"栏目下的"稿件管理"按钮，如图 3-37 所示。

Step 02 进入"稿件管理"界面，点击中间的"专栏"按钮，如图 3-38 所示。

图 3-37　"我的"界面

图 3-38　"稿件管理"界面

☆专家提醒☆

关于管理专栏的建议如下：

（1）UP 主想编辑待审核的专栏时，可直接撤回专栏，前往草稿箱编辑即可。

（2）审核通过后的专栏不再支持修改，若有错误内容，请 UP 主删除后重投。

（3）UP 主每日限额发专栏 5 篇（在 UP 主撤销审核专栏且未处理的情况下，该撤销审核专栏会计算在限额之中）。

Step 03 跳转至"专栏"栏目，点击"全部"按钮，展开专栏状态面板，如图 3-39 所示。

Step 04 执行操作后，我们看到该面板中共有 5 种专栏状态，分别是"全部""进行中""定时中""已通过""未通过"，UP 主可点击相关专栏状态按钮，查看该专栏状态下的专栏文章。笔者以点击"已通过"按钮为例，如图 3-40 所示。

图 3-39 点击"全部"按钮　　　　图 3-40 点击"已通过"按钮

3.2.3 音频投稿：原创至上，以天籁之音征服用户

B 站除了视频投稿和专栏投稿外，还支持音频投稿。不过，UP 主需要注意的是，音频投稿目前只支持在计算机网页端操作。

Step 01 UP 主先打开 B 站计算机网页端，登录账号后，单击右上角的"投稿"按钮，如图 3-41 所示。

图 3-41 单击"投稿"按钮

Step 02 执行操作后，跳转至"创作中心"界面，单击"音频投稿"按钮，如图 3-42 所示。

图 3-42 单击"音频投稿"按钮

Step 03 跳转至"音频投稿"界面，UP 主可在该界面选择"上传单曲"或者"上传合辑"。笔者此处以"上传单曲"为例，如图 3-43 所示。

图 3-43 "音频投稿"界面

Step 04 操作完成后，弹出资源管理器窗口，UP 主在该窗口中选择相应的音频文件上传。

Step 05 等音频文件上传完成后，跳转至音频编辑界面，UP 主可在此界面填写与音频相关的信息，如专辑封面、音频分类、稿件标题、关联视频、标签、简介等。完成音频信息填写后，单击"提交稿件"按钮，即可完成音频投稿操作，如图 3-44 所示。

UP 主在音频投稿过程中一定要注意以下事项：

图 3-44 单击"提交稿件"按钮

（1）B 站官方明确表示，在不侵权的条件下，视频投稿和专栏投稿是支持搬运或转载的，但是音频投稿官方明确表示只支持原创投稿，不支持搬运、转载和代替他人投稿等行为。

（2）音频中不能出现违规内容，如侮辱性言论和反动言论等。

（3）翻唱视频需注明原作者和原歌曲名。

第 4 章
内容管理：提高内容创作的效率

UP 主按照投稿规范在 B 站投稿完成之后，可以进入 B 站的后台管理界面，管理自己的视频、专栏、音频和相簿稿件。当然，如果 UP 主不会操作专业视频编辑软件，也可以在 B 站移动客户端对视频内容进行粗略剪辑。

4.1 投稿管理：一个爆款靠运气，一直爆款凭实力

UP 主投稿完成之后，官方会将稿件审核状态回复给 UP 主。因此，UP 主可以在"创作中心"查看自己的稿件状态，顺便还能管理自己的稿件。

4.1.1 管理视频：让视频内容更优质

在 B 站"创作中心"，UP 主不仅可以实时了解自己的视频状态，还能学习到更多教程，避免违规问题，加强质量把控。

Step 01 打开 B 站计算机网页端，进入"创作中心"界面，单击"内容管理"按钮，如图 4-1 所示。

☆专家提醒☆

UP 主在管理自己的视频时，可对正在审核中和审核通过的视频进行修改。当然，这种修改只支持部分内容修改，如封面、视频内容、视频标题、标签和视频简介等。

图 4-1 "创作中心"界面

Step 02 执行操作后，进入"视频管理"界面，UP 主可以从该界面看到示例账号的视频状态信息，如"全部稿件 30""进行中 0""已通过 30""未通过 0"。根据这些信息，我们可以看出该示例账号的视频是全部通过审核的。此外，UP 主从每条视频底部可以看出示例账号的视频数据。笔者以第一条视频为例，UP 主可以明显看出该条视频播放 1.3 万次、弹幕 73 条、评论 133 条、收到硬币 1270 个、收藏 1285 次、点赞 1704 次、转发 205 次，如图 4-2 所示。

图 4-2 "视频管理"界面

Step 03 继续停留在"视频管理"界面，如果 UP 主选择单击"编辑"按钮，可以进入编辑界面，编辑该视频的相关内容；如果 UP 主选择单击"数据"按钮，可以进入该视频的数据界面，查看该视频的具体数据；如果 UP 主单击 ⋮ 按钮，则可进行更多操作。笔者以单击 ⋮ 按钮为例，如图 4-3 所示。

图 4-3 单击 ⋮ 按钮

Step 04 操作完成后,弹出一个包含更多操作的菜单,UP主可在此菜单内通过"编辑稿件""分享投稿""添加到收藏夹""编辑记录""弹幕管理""评论管理""删除稿件"等功能来进行更多操作,如图4-4所示。

图4-4 包含更多操作的菜单

4.1.2 管理专栏:内容是账号的核心

第3章已经讲过移动客户端的专栏管理,不过移动客户端专栏管理功能有限,本节主要讲解如何在计算机网页端进行更多专栏管理操作。

Step 01 打开B站计算机网页端,进入"创作中心"界面,依次单击"内容管理"|"专栏管理"选项。

Step 02 进入"专栏管理"界面,UP主可以在该界面查看专栏文章的总数据,以示范账号为例,如图4-5所示。

图4-5 "专栏管理"界面

Step 03 继续停留在"专栏管理"界面,UP主可以在"我的专栏文章"栏目下查看单篇专栏文章的数据,如"全部文章""进行中""已通过""未通过"等数据。此外,UP 主单击 ··· 按钮,可以进行更多操作,如图 4-6 所示。

图 4-6　单击 ··· 按钮

Step 04 操作完成后,弹出一个包含更多操作的菜单,UP 主可以通过"编辑"或"删除文章"等功能来完成更多专栏管理操作,如图 4-7 所示。

图 4-7　包含更多操作的菜单

4.1.3　管理音频:带来更好听觉体验

B 站聚集着大量的原创音乐人和热衷二次创作的音乐爱好者,正是因为有了他们的存在,B 站音频区才会产生如此多的优质原创音乐视频。B 站为了扶持原创音乐,还特意推出了"音乐星计划",对优秀的原创音乐 UP 主进行奖励,如图 4-8 所示。

☆专家提醒☆

随着某短视频平台上许多原创人陷入抄袭风波,粉丝盲目给"小鲜肉"歌手刷榜单,以及歌曲作词作曲的下限逐渐降低(甚至某些热歌的旋律是东拼西凑的)……这些原因最终导致华语乐坛逐渐衰落。不过,在 B 站的大力培养和扶植下,B 站音频区出现了一批能力很强的原创音乐人,他们的原创歌曲的作曲、编曲、演唱、混音、录音、母带处理等工作都是自己一人完成的,这体现的是原创音乐人和 B 站坚守华语原创音乐的决心。

图 4-8 "音乐星计划"

此外，针对自己能力不太强、音乐知识需要提高，或对音乐感兴趣的 UP 主，B 站推出了"音乐 UP 主培养计划"，如图 4-9 所示。在该扶持计划中，B 站特意请来了某些知名音乐人，想要针对性地培养出一批年轻的原创音乐 UP 主。

图 4-9 "音乐 UP 主培养计划"

B 站音频管理功能的操作大体上和专栏管理操作相差不远，笔者此处就不详细展开了，只简单讲述一下操作步骤。

Step 01 打开 B 站计算机网页端，进入"创作中心"界面，依次单击"内容管理"|"音频管理"选项。

Step 02 操作完成后，进入"音频管理"界面，在此界面 UP 主可查看相关音频数据，如"全部音频""审核中""已通过""未通过"等数据。此外，UP 主还可以在右侧的搜索框中输入关键字，进行音频搜索，如图 4-10 所示。

图 4-10 音频搜索

Step 03 继续停留在"音频管理"界面，UP 主还可以在此界面将已发布的同类或系列音频组成合辑，如图 4-11 所示。

图 4-11 音频合辑

4.1.4 管理相簿：提高用户创作效率

　　B 站除了可以视频投稿、专栏投稿和音频投稿外，还可以在"bilibili 相簿"网站中分享自己的图片。

　　值得 UP 主注意的是，一开始 UP 主是可以在 B 站移动客户端相簿中上传相关图片（绘画类、摄影类和日常图片皆可）的，不过，截至 2020 年 6 月 15 日，B 站已在客户端"频道"|"分区"中移除"相簿"入口，目前只能在"bilibili 相簿"网站中上传图片，如图 4-12 所示。

　　UP 主在"bilibili 相簿"网站发布完图片后，可在"创作中心"管理自己的相簿，具体操作如下。

第 4 章 内容管理：提高内容创作的效率

图 4-12 "bilibili 相簿"网站

Step 01 打开 B 站计算机网页端，进入"创作中心"界面，依次单击"内容管理"|"相簿管理"选项。

Step 02 进入"相簿管理"界面，UP 主可以查看相簿中的图片状态（如"全部作品""进行中""已通过""未通过"等），还可以查看该图片的相关数据，笔者以示范账号最新的图片为例，该账号最新的图片阅读量 5754 次、评论 8 次、收藏 0 次。此外，UP 主单击右侧的按钮，即可删除该图片，如图 4-13 所示。

图 4-13 "相簿管理"界面

063

4.2 投稿规范：B站的内容规则，必须要心知肚明

B站除了每个内容区都有诸多规则外，其内容和投稿也有不少规则，UP主只有先了解这些规则，才能在B站平台上少走弯路。

4.2.1 非自制内容的范围

B站对于非自制稿件有着严格的定义，UP主需要根据具体情况判断自己的作品是否为自制稿件。图4-14所示为非自制稿件标准及例子。

> 关于全站投稿人编辑不属于自制稿件的例子（包括不仅限于以下5点）。
>
> 1. 无加工的纯片段截取：加工指对原片包括不仅限于添加特效包装，文字点评，改图，音轨替换，添加配音，等二次加工行为。
> 2. 字幕：未经版权方授权的翻译字幕不属于自制类型。
> 3. 录屏：对投稿人没有参与制作、编辑加工的作品进行录播。
> 4. 他人代投（包括授权搬运）：非原作者或其创作团队的账号在站内协助原作者进行投稿。
> 5. 其他低创内容，包括不仅限于例如：
>
> （1）自行购碟压制上传、单纯倍速播放、倒放、镜像、调色、补帧等；
>
> （2）非官方人员或原作者参与的摄像、录制的正式live现场录像视频之后会根据具体情况不断补充完善规则，此规则适用于公示之后的稿件。

图4-14 非自制稿件具体标准及例子

4.2.2 对稿件信息的要求

B站对稿件信息也有严格要求，UP主按照B站官方的要求填写稿件信息，有利于缩短审核时间。

1．封面

B站关于对于封面的要求如下：

（1）B站视频封面图的内容要与视频内容一致，最好是视频内容截图，或提炼视频中的关键内容。

（2）封面图不能使用动态图片，也不能出现违规内容，如色情、恶心、暴力、血腥、

钱币、国旗、政治等内容。

2．标题

B 站官方关于投稿标题的要求如下：

（1）B 站受众用户为中文用户，投稿标题 UP 主应该尽量使用中文，如果标题中有外语翻译，UP 主应尽量使用常见翻译（譬如，法国大作家 Camus 常见翻译是"加缪"，而某些地方翻译为"卡谬"，此处应该翻译为"加缪"），某些人名、机构名等不可翻译的专有名词应以官方形式为准，可不翻译。

（2）B 站官方禁止视频标题中出现视频或音频测试相关文字，同时也禁止 UP 主在标题中填写与视频内容无关、引战、谩骂等标题。

3．标签

B 站官方关于标签的要求如下：

（1）为了 UP 主的内容能被用户搜索到，UP 主填写的标签必须准确无误。

（2）UP 主不要填写与内容无关或者无意义的标签。

4．投稿类型

B 站官方关于投稿类型的要求如下：

（1）UP 主搬运和转载视频统一视为转载，个人原创作品或二次创作作品可选择自制。

（2）UP 主代替他人投稿属于转载，盗用他人内容冒充自制属于严重违规行为，会受到官方的制裁。

5．视频简介

B 站视频简介位于视频下方，主要用来简单介绍视频内容，如图 4-15 所示。

图 4-15　视频简介

B 站官方关于视频简介的要求如下：

（1）视频简介中禁止发表恶意诋毁和侮辱性言论。

（2）视频简介中禁止发表带有反动、色情、宗教、政治及其他违反国家相关法律的内容。

（3）UP 主视频中涉及的素材需要在简介中标明。

4.2.3 对稿件的其他规则

B 站对 UP 主稿件的其他规则包括撞车规则、分页规则、分区规则、退回规则等，如图 4-16 所示。

1. 撞车规则
为了保证视频观看弹幕的集中性，相同内容的搬运稿件在本站只允许同时存在一个。视频内容重复的稿件将会被管理员锁定，用户无法进行操作。投稿前请善用本站的搜索功能。
2. 分页规则
本站提供单个稿件内的分页（即分P）功能，同系列的视频请使用分页方式投稿在同一稿件中，请勿在同时段内大量集中投稿。
3. 分区规则
投稿时请正确选择稿件所属分区，稿件一经审核，用户将不能修改稿件分区。若投稿分区错误，稿件将被退回要求重新分区。
4. 退回规则
对于已退回的稿件，在无错误判断的情况下，请勿不经修改重复提交或删稿重投。

图 4-16　对稿件的其他规则

4.2.4 对稿件内容的要求

B 站的稿件内容虽然广泛，但 B 站对 UP 主的稿件内容也有一些限制：

（1）稿件内容中不能出现有恶意诋毁和侮辱性言论。

（2）稿件内容中不能出现有反动、色情、宗教、政治，以及其他违反国家相关法律的内容。

（3）稿件内容中禁止出现有引起观看者不适或过度猎奇的内容。

（4）稿件内容中禁止出现有其他涉及违反有关部门、条例规定要求的内容。

（5）稿件内容中禁止出现有较大争议性的内容。

4.2.5 版权相关注意事项

随着人们对版权的重视和相关版权法律的完善，侵犯版权成了 UP 主视频制作上最容易遇到的一大难题。因此，UP 主可以通过对版权知识的了解，以规避相关的版权问题。

1．公共领域

作品失去版权之后会被归入"公共领域"，而公共领域的作品是大家都可以免费使用的。在我国现行法律制度下，公民作品的版权保护期限为作者终生加上其死后的 50 年，也就是说作者死后 50 年，作品会自动归入"公共领域"，失去版权保护。

比较典型的案例就是 2016 年的电影《不成问题的问题》，它改编自著名作家老舍的同名小说，而老舍已去世超过 50 年，因此我们可以判断该导演改编的小说《不成问题的问题》是属于"公共领域"的作品，无须支付版权费用。

2．合理使用

合理使用是一项法律原则。具体来说，在某种特殊情况下，UP 主即使没得到版权所有者的相关许可，但可以重复使用某些受版权保护的材料。

一般来说，判断使用者是否合理使用版权作品，可以从以下要素进行分析：版权使用目的、版权使用原则、版权作品性质、版权作品使用量、作品价值或潜在市场。

3．演绎作品

演绎作品是指获得许可后，在保持原作基础内容和核心思想的情况下，增加演绎者自己的理解和独创性解读而形成的作品，如翻译、改编、续作等。

4．申诉通道

B 站无权判断作品的归属，也无权解决版权纠纷，但 UP 主可通过 B 站进行申诉，如图 4-17 所示。

图 4-17　版权申诉

4.3 手机编辑：通过手机快速编辑和管理投稿内容

对于有视频编辑基础的 UP 主，可以在计算机上用专业软件对视频进行编辑；如果 UP 主自身没视频编辑基础，或缺乏相关条件，可以选择用 B 站移动客户端自带的视频编辑器，对视频进行简单的编辑。

4.3.1 视频上传：容量大小和时长限制

UP 主在移动客户端进行视频投稿，视频容量大小是有限制，即不能超过 8GB。如果 UP 主上传的视频容量超过 8GB，B 站剪辑器会以当前视频码率换算成时间，提示你超出的时长，如图 4-18 所示。此时，UP 主只需要重新编辑，剪掉多余的时长，即可正常上传视频。

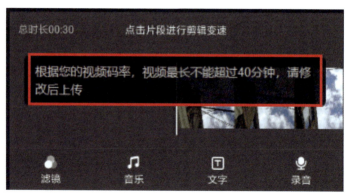

图 4-18 超出时长提示

4.3.2 视频调整：设置画面的亮度参数

在 V5.4 版本之后，B 站移动客户端已经支持修改视频画面亮度了。需要修改视频画面亮度的 UP 主，需先将移动客户端更新至 V5.4 以上，然后按照笔者下面介绍的操作步骤修改画面亮度。

Step 01 打开 B 站移动客户端，进入"我的"界面，依次点击"发布"|"上传"按钮，进入视频选择界面，添加相关视频至视频编辑器，点击"下一步"按钮，如图 4-19 所示。

Step 02 跳转至视频编辑界面，将底部导航向右滑动至尽头，点击下方的"滤镜"按钮，如图 4-20 所示。

图 4-19 视频选择界面

图 4-20 视频编辑界面

Step 03 执行操作后，跳转至滤镜选择界面，该界面默认按钮为"人物"滤镜按钮，此处 UP 主应该点击"自定义"按钮，如图 4-21 所示。

Step 04 跳转至自定义滤镜界面，该界面默认按钮为"亮度"按钮，❶ UP 主只需要滑动亮度条，调节好画面亮度值；❷点击 ✓ 按钮应用，即可完成视频亮度修改，如图 4-22 所示。

图 4-21 滤镜选择界面

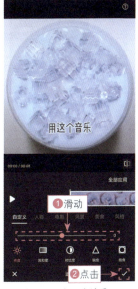

图 4-22 定义滤镜界面

4.3.3 视频剪辑：对视频进行排序变速

B站移动客户端内置的编辑器除了可以调节画面亮度外，还可以对视频内容进行排序和变速处理。

1. 排序

视频排序指的是对两段或两段以上的视频进行位置移动，从而达到编辑视频顺序的目的，具体操作如下：

Step 01 打开B站移动客户端，进入"我的"界面，依次点击"发布"|"上传"按钮，进入视频选择界面，添加多个视频至视频编辑器，点击"下一步"按钮，如图4-23所示。

Step 02 执行操作后，跳转至视频编辑界面，点击底部导航栏中的"剪辑"按钮，如图4-24所示。

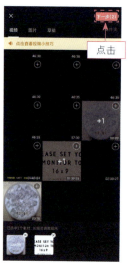
图4-23 视频选择界面

图4-24 视频编辑界面

Step 03 完成操作后，进入"剪辑"界面，该界面有"排序""变速""切割""删除""旋转""变焦"等剪辑功能，点击默认排在第一个的"排序"按钮，如图4-25所示。

Step 04 操作完成之后，跳转至"排序"界面，❶ UP主只需长按视频片段，通过移动的方式对视频片段进行排序，视频排序完成之后，在确认无误的情况下；❷ 点击✓按钮，即可完成视频排序操作，如图4-26所示。

2. 变速

B站"鬼畜区"的大多数视频都是经过变速处理的，从而使画面、人物的节奏与背景音乐一致，下面介绍如何让视频变速。

图 4-25 "剪辑"界面(1)

图 4-26 "排序"界面

Step 01 在图 4-26 中点击 ✓ 按钮,完成视频排序操作后,回到"剪辑"界面。

Step 02 停留在"剪辑"界面,点击"变速"按钮,如图 4-27 所示。

Step 03 进入"变速"界面,❶滑动下方的变速条,调整视频播放速度;❷确认无误后,点击 ✓ 按钮,即可完成视频变速操作,如图 4-28 所示。

图 4-27 "剪辑"界面(2)

图 4-28 "变速"界面

4.3.4 使用转场：让视频转场更高级

当 UP 主选择对两段视频或两段以上的视频素材进行合并时，可以利用 B 站移动客户端的编辑器加上转场效果，使视频素材之间的衔接不显得突兀。

Step01 打开 B 站移动客户端，进入"我的"界面，依次点击"发布"|"上传"按钮，进入视频选择界面，在视频编辑器内添加多个视频。

Step02 在视频编辑器内点击视频素材之间的 ➕ 按钮，如图 4-29 所示。

Step03 执行操作后，弹出选择菜单，点击"转场效果"按钮，如图 4-30 所示。

图 4-29 点击 ➕ 按钮

图 4-30 点击"转场效果"按钮

Step04 跳转至"转场"界面，UP 主选择其中一个转场效果即可，❶此处以点击"交叉褪化"按钮为例；选择好转场效果后，该界面可实时预览转场效果；❷确认无误后点击 ✓ 按钮，即可给视频添加转场效果，如图 4-31 所示。

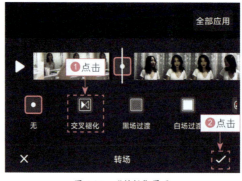
图 4-31 "转场"界面

4.3.5 添加贴纸：简单操作棒棒的效果

在V5.4版本之后，B站移动客户端支持添加自定义的贴纸，添加贴纸的具体操作如下：

Step 01 打开B站移动客户端，进入"我的"界面，依次点击"发布"|"上传"按钮，进入视频选择界面，在视频编辑器内添加一个或多个视频。

Step 02 在视频编辑器下方有许多功能按钮，点击其中的"贴纸"按钮，如图4-32所示。

Step 03 执行操作后，进入"贴纸"界面，点击左侧的"自定义"按钮，如图4-33所示。

图4-32 点击"贴纸"按钮

图4-33 点击"自定义"按钮

Step 04 操作完成后，跳转至"自定义"界面，点击该界面中的■按钮，如图4-34所示。

Step 05 进入"所有图片"界面，点击准备好的图片素材作为贴纸导入，如图4-35所示。

☆专家提醒☆

B站内置的编辑器虽然支持导入图片素材作为贴纸使用，但UP主需要注意：
（1）准备的图片素材大小不能超过5MB；
（2）GIF动态图导入后会变成静态贴纸。

图 4-34 "自定义"界面

图 4-35 "所有图片"界面

Step 06 完成操作后，跳回"自定义"界面，此时视频画面上会出现一张贴纸，❶ UP 主可以按住按钮进行拖曳，以调节贴纸尺寸和方向；❷ 贴纸调节妥当后，点击 ✓ 按钮，即可给视频添加贴纸，如图 4-36 所示。

完成添加贴纸步骤后，UP 主可以在编辑器内预览贴纸效果，如图 4-37 所示。

图 4-36 跳回"自定义"界面

图 4-37 预览贴纸效果

4.3.6 添加图片：让视频内容更加精彩

图片除了可以作为贴纸外，还可以添加进视频中作为画面，具体操作如下：

Step 01 打开 B 站移动客户端，进入"我的"界面，依次点击"发布"|"上传"按钮，进入视频选择界面，在视频编辑器内添加多个视频。

Step 02 在视频编辑器内点击视频素材之间的➕按钮，如图 4-38 所示。

Step 03 执行操作后，弹出选择菜单，点击"视频/照片"按钮，如图 4-39 所示。

图 4-38 点击➕按钮

图 4-39 点击"视频/照片"按钮

Step 04 跳转至视频与图片选择界面，点击"图片"按钮，如图 4-40 所示。

Step 05 跳转至"图片"界面，❶点击准备好的一张或多张图片素材；❷确认无误后，点击"下一步"按钮，即可完成添加图片操作，如图 4-41 所示。

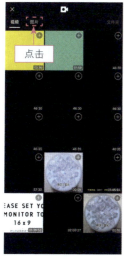
图 4-40 视频与图片选择界面

图 4-41 "图片"界面

4.3.7 添加字幕：让视频显得更高级

B 站移动客户端内置的编辑器还可以简单地给视频添加字幕，具体操作如下：

Step 01 打开 B 站移动客户端，进入"我的"界面，依次点击"发布"|"上传"按钮，进入视频选择界面，在视频编辑器内添加一个或多个视频。

Step 02 视频编辑器底部导航栏有许多特色功能，点击其中的"文字"按钮，如图 4-42 所示。

Step 03 跳转至"模板"界面，该界面中有"标题""动态效果""趣味""时间地点"等多种文字模板。❶ UP 主可点击自己感兴趣的模板，笔者此处以点击"标题"栏目下的第一个模板为例；❷ 操作完成后，点击视频画面中的模板输入框，如图 4-43 所示。

图 4-42　点击"文字"按钮　　　　图 4-43　"模板"界面

Step 04 完成操作后，从视频编辑器底部弹出虚拟键盘，UP 主输入准备好的字幕（B 站官方限制单个模板输入框只能输入 60 个字符），点击"确定"按钮，如图 4-44 所示。

Step 05 当然，❶ 还可以点击底栏的"样式"按钮，进入"样式"界面，为文字增加更多特色，譬如可以设置不一样的字体、调节字号大小、选择 UP 主自己喜欢的字体颜色、给文字添加各种炫酷的描边效果；❷ 确定好文字样式后，点击右下方的 ✓ 按钮，即可给视频添加字幕，如图 4-45 所示。

第 4 章　内容管理：提高内容创作的效率

图 4-44　输入字幕

图 4-45　"样式"界面

4.3.8　声音处理：随心所欲地调整音色

UP 主在给视频配音时，可以在 B 站移动客户端内简单地处理自己的声音。

Step 01 打开 B 站移动客户端，进入"我的"界面，依次点击"发布"|"上传"按钮，进入视频选择界面，在视频编辑器内添加一个或多个视频。

Step 02 点击视频编辑器底栏的"录音"按钮，如图 4-46 所示。

Step 03 跳转至"录音"界面，点击 ⬤ 按钮开始录音，如图 4-47 所示。

图 4-46　点击"录音"按钮

图 4-47　点击 ⬤ 按钮

077

Step 04 录制完成或录制到某一段时，暂停录音，点击"设置"标签，如图 4-48 所示。

Step 05 跳转至声音处理界面，UP 主可在此界面自定义自己的音色和音量，点击 ✓ 按钮，即可完成声音处理操作，如图 4-49 所示。

图 4-48　点击"设置"标签

图 4-49　点击 ✓ 按钮

4.3.9　添加滤镜：为视频添加多段滤镜

UP 主可以在 B 站移动客户端内为视频添加多段滤镜，具体操作如下：

Step 01 打开 B 站移动客户端，进入"我的"界面，依次点击"发布"|"上传"按钮，进入视频选择界面，在视频编辑器内添加多个视频。

Step 02 点击视频编辑器底栏的"滤镜"按钮，如图 4-50 所示。

Step 03 操作完成后，进入"滤镜"界面，可以在该界面看到很多不同类型的滤镜，如"自定义""人物""电影""风景""美食""风格"等。笔者此处以点击"电影"按钮为例，如图 4-51 所示。

☆专家提醒☆

值得 UP 主注意的有如下两点：

（1）B 站移动客户端只内置了部分滤镜素材，其他滤镜素材都存储在云端，UP 主只需花很少的流量进行下载。

（2）UP 主应该结合视频风格来选择合适的滤镜。

Step 04 跳转至"电影"界面，选择第一段视频，点击"文艺"滤镜，如图 4-52 所示。

第 4 章 内容管理：提高内容创作的效率

图 4-50 点击"滤镜"按钮

图 4-51 点击"电影"按钮

Step 05 ❶选择第二段视频，点击"复古"滤镜；❷确认无误后，点击✓按钮，如图 4-53 所示。

图 4-52 处理第一段视频

图 4-53 处理第二段视频

第 5 章
播放设置：B 站播放器使用指南

UP 主在制作或上传视频作品时，需要用到 B 站的播放器进行预览，以方便后期快速调整视频；当然，UP 主可能早就在 B 站追剧或追番，这也需要用到 B 站的播放器。本章主要介绍的就是 B 站播放器的使用方法，以及常见的播放器问题。

5.1 功能介绍：B 站播放器的使用方法

B 站内置的播放器增加了很多实用的小功能，如播放预览、弹幕开关等，能给制作视频的 UP 主带来更多的便利。

5.1.1 播放预览：快速预览视频的内容

UP 主观看 B 站视频时，在正式点击播放视频之前，可以选择先预览视频内容。其操作很简单，UP 主只需要将光标放置在视频封面上，然后匀速移动鼠标，即可清楚地预览该视频的大致内容，如图 5-1 所示。

图 5-1 预览视频

会员才能观看的视频，UP 主将光标放置到封面并匀速移动，也可以大致查看该视频的内容，如图 5-2 所示。

图 5-2　预览会员视频《大理寺日志》

腾讯视频网页端也有快速预览功能，只是腾讯视频预览的画面只有 8 张，远比 B 站的预览画面要少，如图 5-3 所示。

爱奇艺视频与优酷视频网页端都是不支持视频预览的，当笔者鼠标放置上去移动的瞬间，封面会瞬间放大，没有视频预览画面出现。图 5-4 所示为爱奇艺视频封面放置鼠标的效果。

图 5-3　腾讯视频预览效果

图 5-4　爱奇艺视频封面放置鼠标效果

5.1.2　弹幕开关：一键轻松切换看弹幕

B 站的全称为"哔哩哔哩弹幕网"，因此弹幕是 B 站的一大特色。具体来说，弹幕指的是悬浮在视频上的实时评论区，它除了能促进用户之间的互动，还能给用户提供不一样的观影体验。图 5-5 所示为某歌手 MV 的弹幕，表达的内容全是粉丝对偶像的问候。

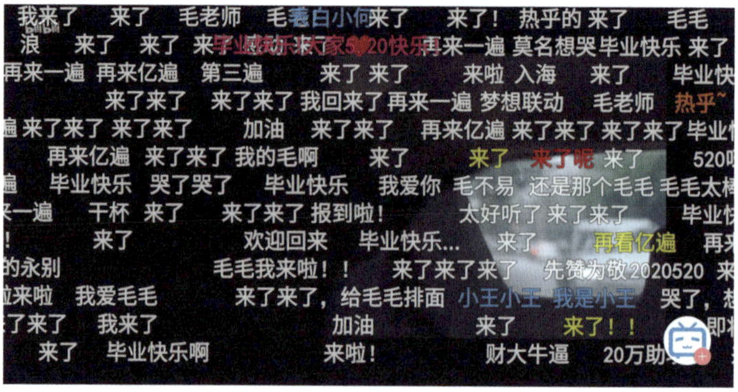

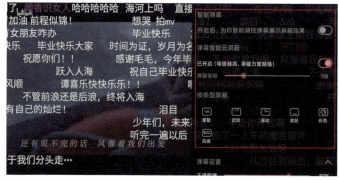

图 5-5 某歌手 MV 的弹幕

B 站弹幕区可以高度自定义，如果 UP 主觉得弹幕过于密集，可以根据个人的喜好来智能屏蔽部分弹幕。例如，可以根据弹幕类型（重复、顶部、滚动、底部、彩色、高级）来屏蔽部分弹幕，如图 10-14 所示。

图 5-6 屏蔽部分弹幕

B 站除了可以根据 UP 主的喜好来智能屏蔽弹幕外，还可以自定义弹幕样式，如设置弹幕不透明度、弹幕字号大小、弹幕显示区域、弹幕速度等，如图 5-7 所示。

图 5-7 自定义弹幕样式

此外，UP 主还可以在弹幕设置中以列表的形式查看弹幕相关信息，如弹幕出现的时间戳、弹幕内容和弹幕点赞数量，如图 5-8 所示。

图 5-8　查看弹幕相关信息

B 站计算机网页端也可以操作弹幕，单击 按钮即可关闭弹幕，如图 5-9 所示。

图 5-9　计算机网页端关闭弹幕

B 站计算机网页端视频弹幕自定义功能也很丰富，具体操作如下：

Step 01 打开 B 站计算机网页端，点开 UP 主自己的视频或者感兴趣的视频。

Step 02 进入视频播放界面，单击 按钮，如图 5-10 所示。

Step 03 进入视频播放界面，弹出弹幕设置面板。UP 主可在该面板上按弹幕类型屏蔽弹幕，和移动客户端一样，还可以设置弹幕不透明度、弹幕字号大小、弹幕显示区域、弹幕速度、关键词屏蔽等。如果 UP 主想要对弹幕进行更多设置，单击"更多弹幕设置"按钮即可，如图 5-11 所示。

图 5-10 单击 按钮

图 5-11 单击"更多弹幕设置"选项

Step 04 进入"更多弹幕设置"界面,在此界面 UP 主可以设置"弹幕大小跟随屏幕等比例缩放""弹幕速度同步播放倍数""弹幕字体""弹幕描边类型""渲染类型"等功能,如图 5-12 所示。

图 5-12 "更多弹幕设置"界面

5.1.3 镜像画面：换个角度去观看视频

UP 主可以在 B 站移动客户端开启镜像画面，从不一样的视角去观看视频。

Step 01 在 B 站移动客户端点击视频封面，如图 5-13 所示。

Step 02 进入视频播放界面，点击视频右下角的 按钮，如图 5-14 所示。

图 5-13　点击视频封面　　　　　图 5-14　点击 按钮

Step 03 视频进入横屏播放状态，点击视频右上角的 按钮，如图 5-15 所示。

图 5-15　点击 按钮

Step 04 进入视频播放设置界面，点击"镜像翻转"按钮，即可完成开启镜像画面的操作，如图 5-16 所示。

计算机网页端开启镜像操作很简单，❶只需要在播放界面中单击 按钮；❷再单击面板中的"镜像画面"按钮即可，如图 5-17 所示。

图 5-16　点击"镜像翻转"按钮

图 5-17　计算机网页端的播放界面

5.1.4　关灯模式：观看时自动调暗页面

B 站为了防止网页亮度过高而伤害 UP 主的视力，B 站计算机网页端推出了"关灯模式"。UP 主在暗光环境播放视频时，可以通过开启此功能来降低网页画面亮度，具体操作如下：

Step 01 在计算机网页端打开视频，进入视频播放界面，单击右下角的 ⚙ 按钮，如图 5-18 所示。

图 5-18　视频播放界面

Step 02 弹出设置面板，单击"更多播放设置"按钮，如图 5-19 所示。

图 5-19 设置面板

Step 03 进入"更多播放设置"界面，选择"关灯模式"复选框，即可开启关灯模式，如图 5-20 所示。

图 5-20 "更多播放设置"界面

5.2 视频观看：轻松玩转哔哩哔哩视频

B 站除了播放器有很多功能外，还有很多快捷操作，下面——进行讲解。

5.2.1 一集一季都看不够？——多视频切换观看

为了观看方便，B 站将剧集以合集的方式呈现在一个播放页上，方便 UP 主快捷切换想看的单集或单集内容，计算机网页端具体操作如下：

Step 01 进入视频播放界面，点击选集列表右侧的 ▦ 按钮，即可切换为单集内容模式，如图 5-21 所示。

Step 02 操作完成后，选集列表界面的 ▦ 按钮会自动切换为 ≡ 按钮，还会分集显示具体信息，如图 5-22 所示。

图 5-21 选集列表

图 5-22 分集显示具体信息

UP 主在手机端操作的话，也非常简单，操作演示如下：

Step 01 笔者此处以《如果国宝会说话》第三季为例，进入该剧集的播放界面，UP 主如果想看其他季的剧集，可以点击"第一季"按钮，如图 5-23 所示。

Step 02 进入第一季的播放界面，点击"全 25 集"按钮，如图 5-24 所示。

图 5-23 《如果国宝会说话》第三季

图 5-24 《如果国宝会说话》第一季

Step 03 操作完成后，进入选集列表界面，UP 主在此界面选择自己想要观看的剧集即可，如图 5-25 所示。

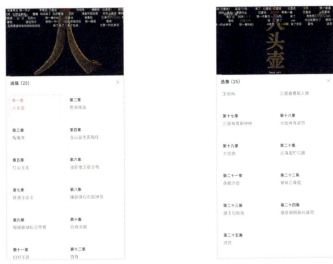

图 5-25　选集列表界面

5.2.2　还想看更多精准内容？——试试索引功能

B 站建立了一个索引页面，截至 2020 年 6 月，支持索引的内容区有番剧、国创，以及放映厅中的电影、纪录片、电视剧，下面先演示计算机网页端的操作。

Step 01　UP 主打开 B 站首页，单击相关内容区的标签，这里以单击"番剧"标签为例，如图 5-26 所示。

图 5-26　单击"番剧"标签

Step 02　进入"番剧"界面，上面有"全部""连载动画""完结动画""资讯""官方延伸""新番时间表""番剧索引"7 个标签，单击"番剧索引"标签，如图 5-27 所示。

图 5-27 单击"番剧索引"标签

Step03 操作完成后,网页侧边会出现番剧索引列表,其中包括番剧"类型""地区""状态""版权""付费"等分类标签,如图 5-28 所示。

图 5-28 番剧索引列表(部分)

移动客户端的操作,笔者也以"番剧"为例,具体操作如下:

Step01 进入 B 站移动客户端,点击顶栏的"追番"栏目,如图 5-29 所示。

Step02 操作完成后,跳转至"追番"界面,点击其中的"索引"按钮,如图 5-30 所示。

图 5-29 "追番"栏目

图 5-30 "追番"界面

Step 03 跳转至"索引"界面，点击"更多筛选项"按钮，展开筛选面板，如图 5-31 所示。

Step 04 等筛选面板展开后，UP 主可按照分类标签查询自己感兴趣的番剧，如图 5-32 所示。

图 5-31 展开筛选面板

图 5-32 所有分类标签

5.2.3 看到了喜欢的作品——追番、追剧更轻松

UP主看到自己喜爱的番剧、国创、电影、电视剧、综艺时，可以点击 ♥ 按钮进行收藏。不同内容区的 ♥ 按钮后显示的文字也不一样，在"追番"区，视频播放界面显示的是 ♥追番 按钮，如图5-33所示；在"影视"区，视频播放界面显示的是 ♥追剧 按钮，如图5-34所示。

图5-33　追番区按钮　　　　　　　　　图5-34　影视区按钮

UP主可以在B站移动客户端点击作品封面上的 ♥ 按钮，也可以进入视频播放界面点击标题右侧的 ♥追番 按钮，如图5-35所示。

图5-35　收藏作品操作

此外，UP主也可以在计算机网页端的视频播放界面单击 ♥追番 按钮来收藏作品，如图5-36所示。

图 5-36 点击 追番 按钮

5.2.4 什么时候更新内容？——时间表一目了然

下面以计算机端番剧区为操作对象进行演示。

Step 01 打开 B 站计算机网页端，从首页进入番剧区，单击"新番时间表"按钮，如图 5-37 所示。

图 5-37 单击"新番时间表"按钮

Step 02 进入"新番时间表"界面，UP 主可以清晰地看见 B 站番剧近期的更新时间和内容，如图 5-38 所示。

图 5-38 "新番时间表"界面（部分）

在 B 站移动客户端查看新番更新时间也很简单，UP 主进入"追番"区，点击"时间表"按钮，跳转至"时间表"界面，即可查看近 9 天的新番更新时间表，如图 5-39 所示。

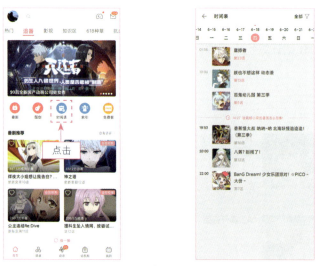

图 5-39 查看新番更新时间

5.3 相关问题：常见问题的自救方法

UP 主在 B 站观看或上传视频时，很容易遇到一些问题，有些可能无关痛痒，有些可能影响 UP 主的创作。但为了不影响自己的创作和观影体验，UP 主掌握 B 站常见问题自救方法还是很有必要的。

5.3.1 视频出现绿屏／白屏／黑屏如何解决？

UP 主在 B 站计算机网页端播放视频遇到绿屏、红屏或黑屏问题时，可以尝试以下方法进行自救。

1. 绿屏

如果 UP 主遇到视频出现绿屏或花屏问题，可以从以下 4 个角度进行排查：

（1）下载驱动精灵等软件，查看计算机显卡驱动是否版本太低。如果发现计算机显卡驱动版本太低，UP 主可尝试进行更新。

（2）UP 主可检查是否为浏览器问题，尝试用其他浏览器（Chrome 浏览器、火狐浏览器等）打开 B 站网页。

（3）UP 主可检查是否为视频解码器问题，尝试换回系统默认解码器。

（4）如果以上方法还无法解决该问题，UP 主可以联系 B 站客服进行处理。

2. 白屏

如果 UP 主遇到视频出现白屏问题，可以从以下 4 个角度进行排查：

（1）UP 主可检查是否为 Flash 播放器问题，或进入官网更新 Flash 播放器。

（2）将播放器更换为 HTML5 播放器。具体操作如下：UP 主进入 B 站"HTML5 播放器"界面，单击该界面中的"试用 HTML5 播放器"按钮，如图 5-40 所示。

图 5-40　B 站"HTML5 播放器"界面

（3）UP 主可自行查询是否为网络问题，可尝试将浏览器网站 http 前缀改为 https。

（4）如果以上方法还无法解决该问题，UP 主可以联系 B 站客服进行处理。

3. 黑屏

如果 UP 主遇到视频出现黑屏问题，可以从以下两个角度进行排查。

（1）诊断是否为网络问题。具体操作如下：进入"bilibili 访问诊断"界面，单击左下角的"一键诊断"按钮，如图 5-41 所示。

图 5-41 "bilibili 访问诊断"界面

（2）如果以上方法还无法解决该问题，UP 主可以联系 B 站客服进行处理。

5.3.2 小电视一直抖动，无法载入怎么办？

如果 UP 主进入播放界面看到小电视一直抖动，却无法载入视频，可以尝试以下两种自救方法：

（1）无法获取视频源信息，可能是 UP 主自己的网络问题，可进入"bilibili 访问诊断"界面进行"一键诊断"操作。

（2）如果以上方法还无法解决该问题，很有可能是 B 站服务器故障，UP 主可以联系 B 站客服进行处理。

5.3.3 打开视频出现叹号，无法显示播放器怎么办？

如果 UP 主在打开 B 站计算机网页端视频时出现叹号，无法显示播放器，可尝试以下 3 种方法进行处理：

（1）可能是 Flash 播放器崩溃，UP 主可尝试清除浏览器缓存。

（2）进入 B 站"HTML5 播放器"界面，将播放器更换为 HTML5 播放器。

（3）如果以上方法还无法解决该问题，UP 主可以联系 B 站客服进行处理。

5.3.4 视频出现 16 秒（无法播放）怎么办？

如果 UP 主在计算机网页端遇到视频只有 16 秒，并且无法播放的情况，可以尝试以下 3 种方法排查问题：

（1）检查是否为浏览器问题，可将浏览器切换至极速模式，卸载 bilibili 助手等不兼容插件或扩展服务。

（2）如果提示信息是"403 forbidden"，UP 主可尝试检查浏览器中的冲突插件或扩展服务。

（3）如果以上方法还无法解决该问题，UP 主可以联系 B 站客服进行处理。

5.3.5 视频一直转圈加载，怎么办？

如果 UP 主在计算机网页端遇到视频一直转圈加载的情况，可以尝试以下两种方法解决问题：

（1）可能是 UP 主自己的网络问题，UP 主可进入"bilibili 访问诊断"界面进行一键诊断操作。

（2）如果以上方法还无法解决该问题，UP 主可以联系 B 站客服进行处理。

第 6 章
视频拍摄：打造 10 万观看量的爆款作品

对于 UP 主而言，能不能吸引用户观看视频，引起用户的关注，其本质在于视频内容是否优质。而 UP 主想要拍摄优质的视频，不仅需要周全的内容策划，还需要进行人员分工和前期准备，同时 UP 主或其团队还要知晓拍摄技巧和构图手段。

6.1 内容策划：形成独特鲜明的人设标签

在 UP 主准备进入 B 站视频创作领域，开始注册账号之前，一定要对自己进行定位，对将要拍摄的视频内容进行定位，并根据这个定位来策划和拍摄视频内容，这样才能快速形成独特鲜明的人设标签。

6.1.1 提高辨识度，打造人格化的 IP

从字面意思来看，IP 的全称为 Intellectual Property，其大意为"知识产权"，即"权利人对其智力劳动所创作的成果和经营活动中的标记、信誉所依法享有的专有权利"。

如今，IP 常常用来指代那些有人气的东西，包括现实人物、书籍动漫、影视作品、虚拟人物、游戏、景点、综艺节目、艺术品、体育等，IP 可以用来指代一切火爆的元素。图 6-1 所示为 IP 的主要特点。

在 B 站视频领域中，个人 IP 就是基于账号定位了形成的，而超级 IP 不仅有明确的账号定位，而且能够跨界发展。笔者总结了两个 UP 主的 IP 特点，如表 6-1 所示。用户可以从中发现他们的风格特点，从而更好地规划自己的短视频内容定位。

第 6 章　视频拍摄：打造 10 万观看量的爆款作品

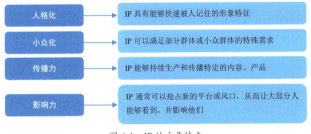

图 6-1　IP 的主要特点

表 6-1　B 站 UP 主的 IP 特点分析

B 站 UP 主	粉丝数量	IP 内容特点
小片片说大片	243.5 万	"小片片说大片"主要以解说影视剧为主，他以犀利精辟的语句和快速的解说语调深受粉丝欢迎。此外，他解说影视剧的角度往往与其他 UP 主不同，且解读更为深刻
美食作家王刚 R	437.4 万	"美食作家王刚 R"是一个 29 岁的小伙，他教人做菜的视频与抖音、快手上的网红不一样，画面简洁粗暴，没有加任何滤镜。而且，他视频中做的菜肴大多是家常菜，用户可操作、可复制性很强

通过分析上面这两个 UP 主，可以看到，他们身上都有非常明显的个人标签，这些就是他们的 IP 特点，能够让他们的内容风格更加明确和统一，让他们的人物形象深深印在粉丝的脑海中。

对于普通人来说，在这个新媒体时代，要变成超级 IP 并不难，关键是我们如何去做。下面笔者总结了一些打造 IP 的方法和技巧，如图 6-2 所示。

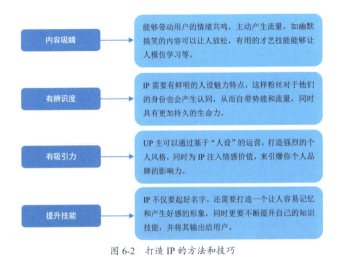

图 6-2　打造 IP 的方法和技巧

099

6.1.2 确定剧情，设计高低落差和转折

B 站上大部分上热门推荐的视频，都是经过拍摄者精心策划的。因此，剧本策划也是成就热门视频的重要条件。视频剧本可以让剧情始终围绕主题，保证内容的方向不会产生偏差。

在策划视频剧本时，用户需要注意以下 5 个规则：

（1）**选题有创意**。视频的选题尽量独特有创意，同时要建立自己的选题库和标准的工作流程，不仅能够提高创作的效率，而且可以刺激观众持续观看的欲望。例如，用户可以多收集一些热点加入到选题库中，然后结合这些热点来创作视频。

（2）**剧情有落差**。B 站视频时长和抖音快手不同，长的有一个小时，短的可能只有几分钟。如果 UP 主想要在短时间内将大量的信息叙述出来，可以将剧本内容设计得更紧凑一些。尽管如此，UP 主还是要脑洞大开，在剧情上安排一些高低落差，来吸引观众的眼球。

（3）**内容有价值**。不管是哪种内容，UP 主都要尽量给观众带来价值，让用户值得为这个视频付出时间成本。例如，UP 主如果做搞笑类或鬼畜类的视频，那么就需要能够给用户带来快乐；UP 主如果做美食类的视频，那么食材要容易购买，烹饪方法要容易上手。

（4）**情感有对比**。UP 主也可以采用一些简单的拍摄手法，来展现生活中的场景，同时也可以加入更容易打动观众的情感元素，带动用户的情绪。

☆专家提醒☆

UP 主在设计视频的台词时，内容的煽动性要强，能够触动用户的情感点，让他们产生共鸣。

（5）**时间有把控**。UP 主需要合理安排视频的时间节奏。笔者建议将时长控制在半小时以内，如果超过半小时，那么用户很难坚持看下去；如果时长只有十几秒，难以讲述一个完整而又意味深长的故事。

策划剧本，就好像写一篇作文，除了有主题思想，其开头、中间及结尾也很重要。此外，情节的设计就是丰富剧本的组成部分，也可以看成是小说中的情节设置。一篇成功的吸引人的小说必定是少不了跌宕起伏的情节的，短视频的剧本是一样，因此，在策划时要注意 3 点，具体如图 6-3 所示。

图 6-3 策划短视频剧本的注意事项

6.1.3 选择真人出镜，获得更多流量

创作好剧本后，就需要选择演员来演绎剧本内容了。对于B站真人出镜的视频作品来说，往往会受到更多人的欢迎。笔者总结了一些拍摄视频选择演员的技巧，如图6-4所示。

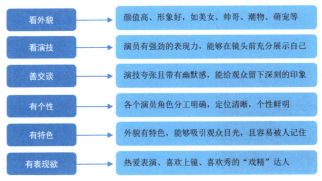

图6-4 拍摄视频选择演员的技巧

拍摄短视频需要做的工作还有很多，如策划、拍摄、表演、剪辑、包装和运营等。譬如，UP主拍摄的视频内容为生活垂直类，每周推出2~3集内容，每集为5分钟左右，那么4~5个人就够了，分别负责编导、运营、拍摄和剪辑。

☆专家提醒☆

招聘人员在任何行业和企业都是一大难题，但实际上，如果已经有了明确的目标，选择就不会太难。如果没有明确的目标和需求，那么也不亚于大海捞针。因此，对于视频团队而言，人员招聘要遵循相应的流程。只有这样，才能有条不紊，招到合适的员工，具体的招聘流程如图6-5所示。

图6-5 招聘短视频团队人员的流程

6.1.4 场地环境美观，符合剧情走向

在选择视频的拍摄场地时，主要根据账号定位和剧情内容来安排。场地在视频

中对视频拍摄主体起到解释、烘托和加强的作用，也可以在很大程度上加强观众对视频主体的理解，让视频的主体和主题都更加清晰明确。

一般来说，如果只是单独对视频拍摄主体进行展示，往往难以明确表达出中心思想，而加上了场地环境，就能让观众在明白视频拍摄主体的同时，更容易明白拍摄者想要表达的思想与情感。

用户在选择视频的拍摄场地时，可以选择一些热门的拍摄场地来借势，这样能够获得不少平台的流量推荐。例如，青海的"天空之镜"茶卡盐湖、重庆的轻轨2号线、"稻城"亚丁、恩施的屏山峡谷、四川的浮云牧场、丽江的玉龙雪山、西安的大唐不夜城、厦门的鼓浪屿等，这些都是"网红打卡地"，吸引了很多拍摄者和游客前往，因此，在这些地方拍摄的视频也极易被人关注，如图6-6所示。

图6-6 "网红打卡地"

选择视频拍摄场景可以从前景与背景两方面进行分析。

（1）前景是指在视频拍摄时，位于视频拍摄主体前方或者靠近镜头的景物，前景在视频中能起到增加视频画面纵深感和丰富视频画面层次的作用。

（2）背景是指位于视频拍摄主体背后的景物，可以让拍摄主体的存在更加和谐、自然，同时还可以对视频拍摄主体所处的环境、位置、时间等进行一定的说明，更好地突出主体、营造视频画面的气氛。

6.1.5 多种拍摄对象，绝佳的拍摄手法

拍摄对象大致可以分为人物拍摄、宠物拍摄、动物拍摄、风光拍摄、城市拍摄、

自然景物拍摄等类别，下面进行具体介绍。

1. 人物拍摄

人物是最常见的拍摄对象，真人出镜的视频作品，不仅可以吸引观众的眼球，还可以使账号显得更加真实。可现实中，很多人非常胆怯，认为自己长得丑、声音不好听，他们想要拍好拍视频，但又不敢露面，心理非常矛盾。

UP 主要记住，拍视频并不是选美，只要你的内容足够优质，都可以获得点赞和涨粉。真人出镜非常有利于打造个人 IP，让大家可以认识你，记住你，慢慢积累粉丝对你的信任感，也有利于后期的变现。如今这个社会，无论做什么事情，都是要先获得别人的认可，才有之后的一切可能。

上述是从运营角度来分析的，那么从拍摄角度来说，真人出镜的视频，会带来很强的代入感，从而更加吸引人。在拍真人出镜视频时，如果仅靠自己的手端举手机进行视频拍摄，是很难获得好的视觉效果的，拍摄出来的自己在视频当中大都"不完整"，且不说全身入镜，就连上半身入镜都很困难，更好的视频拍摄方法就是利用各种脚架和稳定器等工具，如图 6-7 所示。

图 6-7　手机脚架和手持稳定器

使用稳定器拍摄，可以让短视频的画面更加平稳流畅，即使人物处在运动过程中，画面也能够始终保持鲜活生动，如图 6-8 所示。手机是否稳定，能够很大程度上决定视频拍摄画面的稳定程度。如果手机不稳，就会导致拍摄出来的视频画面也跟着摇晃，十分模糊；如果手机被固定，那么在视频的拍摄过程中就会十分平稳，拍摄出来的视频画面也会十分稳定。

图 6-8 拍摄运动的人物视频画面

在拍视频时,最好不要将人物对象放在画面正中央,这样会显得很呆板,可以将其置于画面的九宫格交点、三分线或者斜线等位置,这样能够突出主体对象,让观众快速找到视频中的视觉中心点,如图 6-9 所示。

图 6-9 突出视频中的人物主体

人物所处的拍摄环境也相当重要,必须与短视频的主题相符合,而且场景尽量要干净整洁。因此,拍摄者要尽量寻找合适的场景,不同的场景可以营造出不同的视觉感受,通常是越简约越好。

2．宠物拍摄

如今，视频中的宠物"网红"可谓是千姿百态，各种"戏精"表演完全不输于真人，它们能说话、会唱歌、会跳舞，甚至还会摆出忧郁的表情和超萌的神态，让人忍俊不禁。由于各种宠物都喜欢乱动，因此拍摄起来也比较困难，而且还容易产生抖动。所以，在拍摄宠物时尽量使用手持稳定器来辅助拍摄，这样更容易获得稳定的画面效果。

此外，UP主在拍摄宠物时可以调整手机的光圈参数，打造出电影级别的浅景深虚化效果，让整体的宠物视频画面变得更加"高大上"，如图6-10所示。

图6-10　浅景深虚化背景的视频效果

3．动物拍摄

生活中，除了常见的宠物外，各种动物也是大家喜欢拍摄视频记录的对象。由于动物并不常见，因此，那些精彩的动物短视频也能够吸引大众的眼光。成功的动物视频作品基本上都是展现动物们最精彩有趣的瞬间画面，因此，UP主如果想去拍摄野生动物的短视频，最好先调整好手机相机的参数，并将手机握在手中，随时准备抓拍动物们稍纵即逝的精彩瞬间。

拍摄动物最好准备一个手机长焦镜头，并且用三脚架来固定手机，弥补手机变焦能力差的缺陷，同时让焦点更加清晰，如图6-11所示。通过长焦镜头，UP主可以将画面拉近来抓拍这些动物安静时的模样，捕捉其面部表现。

想要拍出漂亮、生动的动物短视频，一定要了解动物的习性，以免照片变模糊。要拍好动物视频，首先要学会展现动物的情感，它们的眼睛就是流露情感的最佳点，在拍摄时可以将手机的焦点对准动物的眼睛，并将背景和前景的杂物进行虚化处理，如图6-12所示。

图 6-11　使用手机长焦镜头拍摄动物短视频

图 6-12　将动物的眼睛作为画面的焦点

4．风光拍摄

风光视频是很多 Vlog 类 UP 主喜欢拍摄的题材，但很多新手面对漂亮的景色，也只能拍出平淡无奇的视频画面，着实可惜。

UP 主在拍摄风光视频时，除了要突出拍摄主体，还必须有好的前景和背景。如图 6-13 所示，这个视频的拍摄者就精心在画面左侧选择树枝作为前景，不仅可以使画面的空间深度感得到增强，还弥补了单调湖水背景区域的不足之处。

图 6-13 在视频画面中安排前景

5．城市拍摄

大部分 UP 主都是生活在城市之中，那么 UP 主的拍摄就可以从身边的生活场景入手，拍摄城市中的万千气象。城市中看到的建筑、行人和各种事物都是不错的拍摄题材，无论什么场景和事物，只要用心观察，任何东西都是具有故事性的，拍摄城市中的风光就是要从平凡中发现不平凡的美。

UP 主可以另辟蹊径，从不同的角度寻找好的图形和线条，在视频画面中展现建筑之美。图 6-14 所示为某古镇旅游区。

图 6-14 拍摄时寻找建筑中的线条和图形

6. 自然景物拍摄

自然景物包括山水、树木和花卉等，笔者此处以花卉为例进行介绍。UP 主在拍摄花卉 Vlog 视频时，常使用近拍特写的构图方式来获得主体突出的短视频画面效果，如图 6-15 所示。

图 6-15　近景拍摄花卉短视频画面效果

在拍摄花卉短视频题材时，用户也可以选择一些合适的前景或背景来装饰画面，如人像、昆虫、鸟类等，这样能够更好地表达短视频的主题。例如，花卉、人像是很多短视频创作者经常拍摄的题材，如果能在视频中将人像与花卉的搭配处理得恰到好处，往往能起到相得益彰的作用，如图 6-16 所示。

图 6-16　拍摄花卉与人物结合的短视频画面效果

此外，在拍摄花卉和人像短视频时，用户需要注意取景选择、人物的服饰穿着、拍摄角度、光线运用、摆姿、器材的选择及参数的设置等，让花卉与人像在短视频中实现完美的结合。

6.1.6 拍摄题材多样化，不拘泥于形式

视频拍摄题材很多，B 站热门的视频题材主要有搞笑鬼畜类、舞蹈类、音乐类、美食类等，限于篇幅，笔者仅以搞笑鬼畜类题材作为分析对象。

打开 B 站热门推荐，随便点开几个视频，就会看到其中有搞笑类的视频内容。这是因为视频是人们在闲暇时间用来放松或消遣的娱乐方式，因此，平台也非常喜欢这种搞笑类的短视频内容，更愿意将这些内容推送给观众，增加观众对平台的好感，同时让平台变得更为活跃。

用户在拍摄搞笑类短视频时，可以从以下几个方面入手来创作内容：

（1）剧情恶搞。用户可以通过自行招募演员、策划剧本，来拍摄具有搞笑风格的视频。这类视频中的人物形体和动作通常都比较夸张，同时语言幽默搞笑，感染力非常强。

（2）创意剪辑。通过截取一些搞笑的影视短片镜头画面，并配上字幕和背景音乐，制作成创意搞笑的短视频，如图 6-17 所示。

图 6-17 搞笑类短视频示例

（3）犀利吐槽。对于语言表达能力比较强的用户来说，可以直接用真人出镜的形式来上演脱口秀节目，吐槽一些接地气的热门话题或者各种趣事，加上非常夸张

的造型、神态和表演,给观众留下深刻印象,吸引粉丝的关注。

当然,用户也可以自行拍摄各类原创幽默搞笑段子,变身搞笑达人,轻松获得大量粉丝的关注。当然,这些搞笑段子内容最好来源于生活,与大家的生活息息相关,或者就是发生在自己周围的事,这样会让人们产生亲切感。另外,搞笑类视频的内容非常广,各种酸甜苦辣应有尽有,不容易让观众产生审美疲劳,这也是很多人喜欢搞笑段子的原因。

例如,B站UP主"陈翔六点半"就是一个专门生产各种搞笑段子的短视频大IP,主要内容是以"解压、放松、快乐"为主题的小情节短剧,嵌入了许多喜剧色彩元素,在B站获得了87.6万粉丝的关注,点赞量达587.7万次,如图6-18所示。

图6-18 "陈翔六点半"B站账号

☆专家提醒☆

"陈翔六点半"采用电视剧高清实景的方式进行拍摄,通过夸张幽默的剧情内容和演员的出色表演,只用一两个情节和笑点就能展现普通人生活中的各种"囧事",每集时长不超过1分钟。

6.1.7 创意视频:把热点抓住,想不火都难

创意视频指的是游戏录屏、电影解说、课程教学、剧情反转等类型的视频,一般来说,这类视频都融入了UP主的创意,让人看得意犹未尽。下面以电影解说类创意视频为例进行具体分析。

在 B 站经常可以看到各种电影解说的视频作品，这种内容创作形式相对简单，只要会剪辑软件的基本操作即可完成。电影解说视频的主要内容形式为剪辑电影中的主要剧情桥段，同时加上语速轻快、幽默诙谐的配音解说。

这种内容形式的主要难点在于用户需要在短时间内将电影内容说出来，这需要用户具有极强的文案策划能力，能够让观众对电影情节有一个大致的了解。电影解说类视频的制作技巧如图 6-19 所示。

图 6-19 电影解说类短视频的制作技巧

除了直接解说电影内容进行二次原创外，用户也可以将多个影视作品进行排名对比，做一个 TOP 排行榜，对比的元素可以多种多样。以金庸的影视作品为例，可以策划出"武功最高的十大高手""最美十大女主角""最厉害的十种武功秘籍""最感人的十个镜头""人气最高的十大男主角"等视频内容。

6.2 拍摄技巧：轻松拍出百万点赞量作品

视频的制作通常包括内容选题、拍摄准备、拍摄过程和后期处理这 4 个步骤，前面已经介绍了大量的爆款内容选题技巧和拍摄准备工作，接下来将重点介绍短视频拍摄过程中的关键要点，帮助大家轻松拍出高曝光的视频作品。

6.2.1 购买拍摄设备，符合实际需求

视频的主要拍摄设备包括手机、单反相机、微单相机、迷你摄像机和专业摄像

机等，用户可以根据自己的资金状况来选择。用户首先需要对自己的拍摄需求做一个定位，确定是用来进行艺术创作，还是纯粹来记录生活，对于后者，笔者建议选购一般的单反相机、微单或者好点的拍照手机即可。只要用户掌握了正确的技巧和拍摄思路，即使是便宜的摄影设备，也可以创作出优秀的视频作品。

1. 要求不高的用户，使用手机即可

对于那些对视频品质要求不高的用户来说，普通的智能手机即可满足拍摄需求，这也是目前大部分用户使用的拍摄设备。

智能手机的摄影技术在过去几年里得到了长足进步，手机摄影也变得越来越流行，其主要原因在于手机摄影功能越来越强大、手机价格比单反更具竞争力、移动互联时代分享上传视频更便捷等，而且手机可以随身携带，能满足随时随地拍视频的需求，让用户也进入到这个"全民拍短视频时代"中。

手机摄影功能的出现，使拍短视频变得更容易实现，成为人们生活中的一种习惯。如今，很多优秀的手机摄影作品甚至可以与数码相机媲美。

2. 专业拍视频，可使用单反或摄像机

如果用户是专业从事摄影或者视频制作方面的工作，或者是"骨灰级"的视频玩家，那么单反相机或者高清摄像机是必不可少的摄影设备，如图6-20所示。

图6-20 单反相机和高清摄像机

此外，这些专业设备拍摄的短视频作品通常还需要结合计算机的后期处理，否则效果不能完全发挥出来。

☆专家提醒☆

微单是一种跨界产品，功能定位于单反和卡片机之间，最主要的特点就是没有反光镜和棱镜，因此体积也更加微型小巧，同时还可以获得媲美单反的画质。微单能满足普通用户的拍摄需求，不但比单反更加轻便，而且还拥有专业性与时尚的特质，同样能够获得不错的视频画质表现力。

建议用户购买全画幅的微单相机,因为这种相机的传感器比较大,感光度和宽容度都较高,拥有不错的虚化能力,画质也更好。同时,用户可以根据不同短视频内容题材,来更换合适的镜头,拍出有电影感的视频画面效果。

6.2.2 配置录音设备,按性价比进行选择

普通视频直接使用手机录音即可,但对于采访类、教程类、主持类、情感类或者剧情类的视频,对声音的要求比较高,推荐大家选择 TASCAM、SONY 等品牌的性价比较高的录音设备。

(1) TASCAM:这个品牌的录音设备具有稳定的音质和持久的耐用性。例如,TASCAM DR-100MK Ⅲ 录音笔的体积非常小,适合单手持用,而且可以保证采集的人声更为集中与清晰,收录效果非常好,适用于谈话节目类的短视频场景,如图 6-21 所示。

图 6-21　TASCAM DR-100MK Ⅲ 录音笔

(2) SONY:SONY 品牌的录音设备体积较小,比较适合录制各种单人视频,如教程类、主持类的应用场景。图 6-22 所示为索尼 ICD-TX650 录音笔,其不仅小巧便捷,可以随身携带录音,而且还具有智能降噪、七种录音场景、宽广立体声录音、立体式麦克风等特殊功能。

图 6-22　索尼 ICD-TX650 录音笔

6.2.3 利用灯光设备,增强视频美感度

在室内或者专业摄影棚内拍摄视频时,需要保证光感清晰、环境敞亮、可视物品整洁,这时就需要明亮的灯光和干净的背景。光线是获得清晰视频画面的有力保障,能够增强画面美感,另外,用户还可以利用光线来创作更多有艺术感的短视频作品。下面介绍一些拍摄专业短视频时常用到的灯光设备。

(1)**八角补光灯**:具体打光方式以实际拍摄环境为准,建议一个放在顶位,两个放在低位,适合各种音乐类、舞蹈类等视频场景,如图 6-23 所示。

图 6-23 八角补光灯

(2)**顶部射灯**:功率大小通常为 15～30W,用户可以根据拍摄场景的实际面积和安装位置来选择合适的射灯强度和数量,适合舞台、休闲场所、居家场所、娱乐场所、服装商铺、餐饮店铺等拍摄场景,如图 6-24 所示。

图 6-24 顶部射灯

6.2.4 学会取景构图,让观众聚焦主体

UP 主的视频要想获得系统推荐,快速上热门,好的内容质量是基本要求,而构图则是拍好短视频必须掌握的基础技能。拍摄者可以用合理的构图方式来突出主体、聚集视线和美化画面,从而突出视频中的人物或景物的吸睛之点,以及掩盖瑕疵,让短视频的内容更加优质。

视频画面构图主要由主体、陪体和环境 3 大要素组成,主体对象包括人物、动物和各种物体,是画面的主要表达对象;陪体是用来衬托主体的元素;环境则是主体或陪体所处的场景,通常包括前景、中景和背景等,如图 6-25 所示。

图 6-25 视频构图解析示例

笔者总结了一些热门视频的构图形式,大家在拍摄时可以参考运用,如图 6-26 所示。

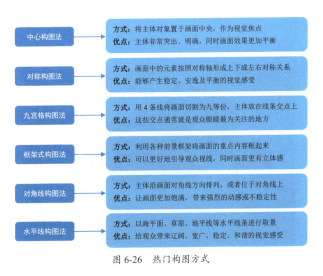

图 6-26 热门构图方式

6.2.5 巧用运镜手法，迅速拍出大片质感

在拍摄视频时，UP 主需要在镜头的角度、景别及运动方式等方面下功夫，掌握这些 Vlog"大神"们常用的运镜手法（下文笔者以摇移运镜和横移运镜为例进行介绍），能够帮助用户更好地突出视频的主体和主题，让观众的视线集中在你要表达的对象上，同时让短视频作品更加生动，更有画面感。

1. 摇移运镜

摇移运镜是指保持机位不变，朝着不同的方向转动镜头。摇移运镜的镜头运动方向可分为左右摇动、上下摇动、斜方向摇动、旋转摇动 4 种方式，如图 6-27 所示。具体来说，摇移运镜就像是一个人站着不动，然后转动头部或身体，用眼睛向四周观看身边的环境。

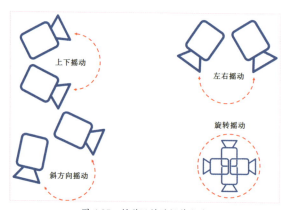

图 6-27 摇移运镜的操作方法

UP 主在使用摇移运镜拍摄视频时，可以借助手持云台稳定器，更加方便、稳定地调整镜头方向，如图 6-28 所示。

图 6-28 云台稳定器

摇移运镜通过灵活变动拍摄角度，能够充分展示主体所处的环境特征，可以让观众在观看短视频时能够产生身临其境的视觉体验感。

2．横移运镜

横移运镜是指拍摄时镜头按照一定的水平方向移动，如图 6-29 所示。横移运镜通常用于剧中的情节，如人物在沿直线方向走动时，镜头也跟着横向移动，更好地展现出空间关系，而且能够扩大画面的空间感。

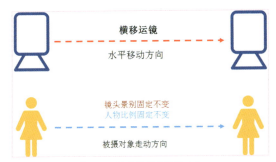

图 6-29　横移运镜的操作方法

在使用横移运镜拍摄短视频时，UP 主可以借助摄影滑轨设备，来保持手机或相机的镜头在移动拍摄过程中的稳定性，如图 6-30 所示。

图 6-30　摄影滑轨设备

第 7 章
直播录制：让"流量"变"销量"

自从短视频"火"了之后，直播也开始走进大众的视野。无论是薇娅，还是李佳琦，他（她）们带货所依托的都是直播——这个最被看好的带货形式。B 站直播和淘宝、抖音直播的操作既有相似之处，也有不同之处，本章主要讲述的内容正是 B 站直播的具体操作和规则。

7.1 成为主播：当红主播就是你

B 站是国内首个关注 ACG（ACG 分别指的是 Animation、Comics、Games，分别对应动画、漫画和游戏）直播的互动平台。B 站的直播内容主要以游戏和电竞为主，逐渐开始覆盖娱乐和生活等领域，如图 7-1 所示。

图 7-1　B 站直播

7.1.1 设备配置：计算机、网络和麦克风

UP主在直播过程中，要想给用户好的体验，就需要保证自己的计算机设备能够流畅运行，以及保证直播画面的流畅度。图7-2所示为B站官方推荐的计算机配置，可供UP主们参考。

```
标准配置：              推荐配置：                              高级配置：
CPU：英特尔酷睿i3 8100  CPU：英特尔酷睿i5 8400 / AMD 锐龙       CPU：英特尔酷睿i7 8700 / AMD 锐龙 Ryzen
主板：B360及以上        Ryzen 5 2500x                          5 3600x
内存：8GB内存及以上      主板：Z370(英特尔)/B450(AMD)及以上      主板：Z370(英特尔)/B450(AMD)及以上
显卡：独立显卡          内存：16GB内存及以上                    内存：32GB内存及以上
适配游戏：唱歌娱乐、聊天日常  显卡：GTX1660 Super / RX580 及以上  显卡：RTX2080Ti/RX Vega 64
                       适配游戏：LOL、CSGO                     适配游戏：只狼、APEX
```

图7-2　B站官方推荐的计算机配置

直播画面的流畅度和稳定性除了与计算机配置有很大的关系外，还与网络环境、麦克风等因素有关系。

B站官方建议UP主的宽带网速大于20bps，如果UP主不清楚自己的宽带速度，可通过"测速网"进行测试，如果测试后发现自己的宽带网速不够，可前往当地营业厅购买符合要求的宽带套餐，如图7-3所示。

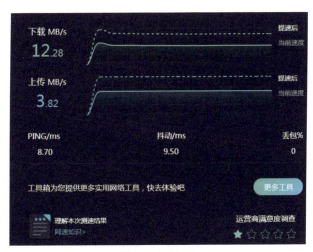

图7-3　网速测试

关于麦克风设备，笔者推荐飞利浦DLK38003、唱吧G1、得胜PH-120等。图7-4所示为得胜PH-120麦克风。这些设备都有不错的表现力，并且优质的麦克风可以让你的音质更干净，让用户更好地听清你的声音，并且有的具备变声效果，可以让直播效果更生动。麦克风与声卡是配合使用的，相当于直播的"调音师"，共同美化你的声音。

图 7-4　得胜 PH-120 麦克风

7.1.2　开通直播：实名认证

在计算机网页端开通 B 站直播的操作如下：

Step 01 打开计算机浏览器，登录 B 站网页客户端，进入直播中心，单击"我的直播间"按钮，如图 7-5 所示。

图 7-5　单击"我的直播间"按钮

Step 02 操作执行完成后，进入"开播设置"界面，单击"立即开通直播间"按钮，如图 7-6 所示。

图 7-6 "开播设置"界面

Step 03 进入"实名认证"界面，按照 B 站官方要求填写信息后，单击下方的"提交认证"按钮，等待审核通过即可，如图 7-7 所示。

图 7-7 "实名认证"界面

UP 主在移动客户端开通 B 站直播的操作相对简单，具体操作如下：

Step 01 在 B 站移动客户端首页点击"我要直播"按钮，如图 7-8 所示。

Step 02 执行操作后跳转至直播申请界面，紧接着弹出一个"实名认证"弹窗，点击"去认证"按钮，如图 7-9 所示。

Step 03 跳转至"实名认证"界面，点击该界面中间的"支付宝快捷认证"按钮，如图 7-10 所示。

图 7-8　B 站客户端首页

图 7-9　"实名认证"弹窗

Step 04 执行操作后，跳转至填写资料的"实名认证"界面，按照要求填写自己的真正姓名、手机验证码、身份证信息等资料，点击"开始认证"按钮，耐心等待审核，如图 7-11 所示。

图 7-10　"支付宝快捷认证"

图 7-11　填写资料

Step 05 如果审核一直处于未通过状态，那么可以返回第二个步骤中的"实名认证"界面。点击该界面中的"提交人工认证申请"红色按钮，如图 7-12 所示。

Step 06 跳转至"申请认证"界面，按照要求提交资料，B 站官方会有相关人员进行人工审核，如图 7-13 所示。

图 7-12 "提交人工认证申请"　　　　图 7-13 "申请认证"界面

7.2 直播工具：合格主播必备技能

UP 主在直播之前除了要准备相关设备、开通直播外，还需要下载直播工具、选择直播类型。

7.2.1 下载软件：安装直播应用

UP 主想要在计算机端安装 B 站直播应用，可前往 B 站官网下载"bilibili 直播姬"，如图 7-14 所示。

图 7-14 "bilibili 直播姬"下载页面

123

移动客户端除了可以使用B站APP进行直播外，还可以安装B站的直播应用——UP主前往正规应用商店下载并安装"bilibili link"APP即可，如图7-15所示。

图7-15 下载并安装"bilibili link"APP

7.2.2 分区选择：选择直播类型

UP主在开始直播时需要选择直播类型，这样不仅能获得精准的粉丝流量，还能提高自己的SAN值（B站直播积分）。

Step01 打开B站移动客户端，进入"首页"界面，点击左上角的"直播"按钮，如图7-16所示。

Step02 操作完成后，进入"直播"界面，点击右下角的"我要直播"按钮，如图7-17所示。

Step03 进入"房间号"界面，该界面有两种类型的直播可供UP主选择，笔者以点击"录屏直播"按钮为例，如图7-18所示。

Step04 执行操作后，跳转至"录屏直播"界面，点击右侧的"选择分区"按钮，如图7-19所示。

☆专家提醒☆

UP主在开启直播前，除了需要慎重选择直播分区外，还需要注意以下问题：

第 7 章 直播录制：让"流量"变"销量"

图 7-16 "首页"界面

图 7-17 "直播"界面

图 7-18 "房间号"界面

图 7-19 "录屏直播"

（1）开启直播前需要填写直播标题，其标题长度限制为 20 个汉字。

（2）UP 主应选择正确的分区，否则会被锁区 15 天。

（3）主播等级达到 1 级可自定义封面，达到 20 级可自定义房间背景图。

Step 05 跳转至"选择分类"界面，可以看到该界面有"网游""手游""单击""娱乐""电台""绘画"等大分区，大分区下又细分了许多小分区，UP 主可通过选择大小分区来确定直播类型，如图 7-20 所示。

图 7-20 "选择分类"界面

7.3 直播玩法：你还不知道就晚了

UP 主了解 B 站直播的更多玩法后，能很好地提升自己的引流能力，获得更多用户的关注，下面介绍 B 站直播的各种玩法。

7.3.1 主播等级：获得更多积分和特权

B 站 UP 主提升主播等级方式的 4 个说明分别如下：

（1）观众使用金瓜子、银瓜子和其他道具礼物打赏 UP 主时，UP 主每收到 100 瓜子（B 站直播虚拟货币），就会获得一个经验积分。

（2）积分累计到对应值，可以提升 UP 主的等级。

（3）在 B 站直播，UP 主的等级不同其享受的权限也不同，也就是说 UP 主等级越高，享有的特权越高。

（4）查看等级操作如下。

第 7 章 直播录制：让"流量"变"销量"

Step 01 进入 B 站移动客户端"我的"界面，点击其中的"直播中心"按钮，如图 7-21 所示。

Step 02 操作完成后，进入"直播中心"界面，可以看到 UP 主的主播信息，如图 7-22 所示。

图 7-21　"我的"界面　　　　　　　图 7-22　"直播中心"界面

Step 03 在"直播中心"界面可以看到该 UP 主的主播等级。B 站 UP 主等级图标如图 7-23 所示。

图 7-23　B 站 UP 主等级图标

UP 主的主播等级与特权对应关系如表 7-1 所示（该表只选取了等级与特权对应关系表的部分内容，完整版过长，UP 主可前往 B 站官网查看）。

127

表 7-1　主播等级与特权对应关系（部分）

主播等级	总经验积分	所需经验积分	周奖励	特权
1	100000	100000		可开启自定义封面一张
2	200000	100000		
3	300000	100000		
4	400000	100000		
5	500000	100000		
6	600000	100000		
7	700000	100000		
8	800000	100000		
9	900000	100000		
10	1000000	100000	辣条（B站道具礼物）10个，每周一0点重置	可新增上传1张自定义封面
11	1800000	800000		

7.3.2　主播 SAN 值：营造良好的直播氛围

SAN 值是 B 站的主播积分制度，其目的是规范直播内容和营造好的直播环境，其规则如下：

（1）适用范围：该规则适用于所有主播（包括 B 站签约主播在内）。

（2）积分分值：SAN 值总分为 12 分。

（3）扣分规则：根据 B 站的处罚条款对主播扣除相应的 SAN 分值。

（4）积分恢复：积分恢复周期为 30 个自然日（申诉恢复除外）。

（5）频繁违规惩罚：如果主播在 30 个自然日内 SAN 分值减少至 0 分时，B 站会对该账号进行封禁，30 个自然日后自动解封。

（6）严重违规：直接扣除 12 个 SAN 分值，对该账号进行永久封禁。

（7）积分过低：如果主播的积分过低，那么该主播会失去上热门和首页推荐的资格。

UP 主在 B 站直播时，除了要了解其积分制度外，还必须了解 B 站直播的处罚条款，以便自己能在直播过程中减少违规行为，如图 7-24 所示。

类别	描述	处罚
分区错误	直播内容不符合分区要求	扣3分 锁区15天
人气异常	直播间涉嫌刷人气	扣3分
三俗内容	内容中含有低俗信息（着装暴露、语言、动作、性用品等涉及不雅内容的物品）；直播血腥、暴力、恶心不适宜观众健康的内容（踩踏动物、虐待和解剖动物等也含在内）；禁止对主播和用户语言或文字上谩骂攻击。	扣3分
版权内容	盗播、播放无版权内容	扣3分
引战行为	对个人或群体进行嘲讽、侮辱或者排挤他人，以及挑拨他人矛盾、骚扰、侵害他人合法权益	扣3分
抽烟喝酒	直播中抽烟、喝酒，出现不雅内容	扣3分
提醒禁播	管理员提醒禁播的内容	扣3分
道具异常	直播间涉嫌刷活动道具/银瓜子道具	扣3分，扣除道具积分并加入推荐位黑名单3天
道德风尚	直播过程中言行过激，传播负面情绪，出现有违人道主义和道德底线的表演	扣6分

图 7-24　B 站直播的处罚条款（部分）

7.3.3　粉丝勋章：与粉丝亲密度的体现

粉丝勋章代表的是粉丝与 UP 主日积月累的亲密度，而且可提供给粉丝佩戴。当勋章被"真爱粉"佩戴后，可在 UP 主的直播聊天室、直播排行榜、视频评论区展示，如图 7-25 所示。

图 7-25　直播聊天室（左）与直播排行榜（右）的粉丝勋章展示

当 UP 主的粉丝数大于 1000 且有投稿视频时，可以在创作中心开通粉丝勋章功能，具体操作如下：

Step 01 进入 B 站"我的"界面，点击"创作首页"按钮，如图 7-26 所示。

Step 02 跳转至"创作中心"界面，点击"粉丝管理"按钮，如图 7-27 所示。

图 7-26 "我的"界面

图 7-27 "创作中心"界面

Step 03 进入"粉丝管理"界面，点击"粉丝勋章"选项，如图 7-28 所示。

Step 04 跳转至"粉丝管理"界面的"粉丝勋章"栏目，❶ UP 主在此界面的输入框中填写粉丝勋章名称；❷ 点击"提交"按钮即可，如图 7-29 所示。

图 7-28 "粉丝管理"界面

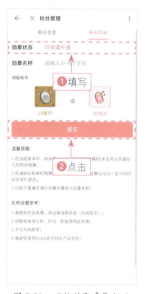

图 7-29 "粉丝勋章"栏目

7.3.4 主播舰队：让粉丝成为你的船员

UP 主开通直播后，可以在直播房间内拥有自己的舰队，舰队的船票共有 3 种，分别是总督、提督和舰长，如图 7-30 所示。

图 7-30 舰队船票

当 UP 主的粉丝拥有主播的舰队船票后，该粉丝将会拥有以下特权：

（1）在图标上，舰队船员拥有房间专属唯一标识、进房间弹幕特效公告、房间内专属身份展示位特权，如图 7-31 所示。

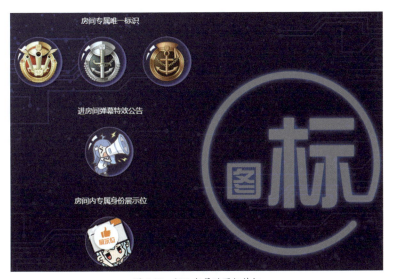

图 7-31 舰队船员的图标特权

（2）在弹幕上，舰队船员拥有专享房间内紫色弹幕、专享房间内顶部弹幕发送权限（仅限总督）、弹幕长度发送上限提升至40字（仅限总督和提督）特权，如图7-32所示。

图 7-32　舰队船员的弹幕特权

（3）在"爱意"上，舰队船员拥有亲密度上限翻倍（粉丝勋章等级不同，亲密度上限也有所不同）、加速升级粉丝勋章、粉丝专属礼包、购买即返银瓜子（B站直播虚拟货币）特权，如图7-33所示。

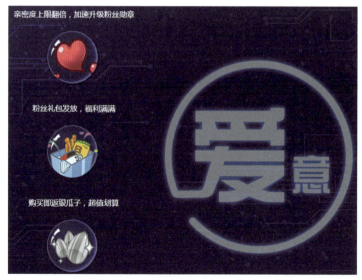

图 7-33　舰队船员的"爱意"特权

(4)在发言上,舰队船员不受房主以外的禁言影响、发言时昵称颜色与众不同且发言时拥有聊天气泡特权,如图 7-34 所示。

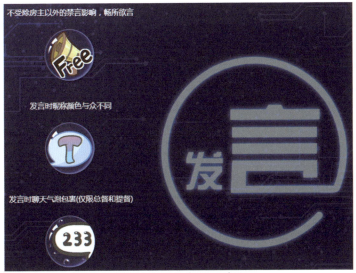

图 7-34　舰队船员的发言特权

7.3.5　直播看板娘:帮助主播答谢粉丝

"直播看板娘"的主要作用是内容交互:当主播收到粉丝打赏的礼物时,直播看板娘会以气泡的形式弹出来,帮主播答谢粉丝;平时直播看板娘也会悬浮在视频周围,粉丝单击或双击直播看板娘时,她会向粉丝卖萌,如图 7-35 所示。此外,UP 主可对直播看板娘进行换装。

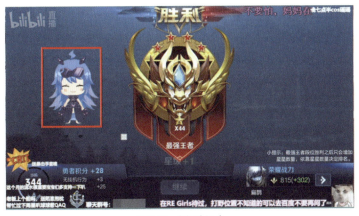

图 7-35　直播看板娘

7.3.6 主播轮播：多个直播的循环播放

主播开启轮播开关后，被主播指定的视频将会以轮播的形式进行直播。

Step 01 进入 B 站计算机网页端的"个人中心"界面，单击"我的直播间"选项，如图 7-36 所示。

图 7-36 "个人中心"界面

Step 02 操作完成后，自动展开"我的直播间"面板，单击"轮播设置"选项，如图 7-37 所示。

图 7-37 "我的直播间"面板

Step 03 进入"轮播设置"界面,点击其中的"视频轮播功能"按钮,如图 7-38 所示。

图 7-38 "轮播设置"界面

Step 04 如果 UP 主想调整轮播列表中的视频,可点击"轮播列表"标签右侧的 按钮,如图 7-39 所示。

图 7-39 点击 按钮

Step 05 执行完操作,弹出"添加视频"弹窗,点击想要调整的视频右侧的 按钮,如图 7-40 所示。

图 7-40 "添加视频"弹窗

Step 06 弹出更多操作面板，UP 主可点击 ⬆ 按钮，将该视频在"添加视频"列表中置顶；可以点击 ⬇ 按钮，将该视频在"添加视频"列表中置底；也可以点击 🗑 按钮，将该视频从"添加视频"列表删除；还可以点击 🔒 按钮，将该视频锁定在"添加视频"列表中。笔者此处以点击 ⬆ 按钮为例，如图 7-41 所示。

图 7-41 点击 ⬆ 按钮

Step 07 UP 主将"添加视频"列表中的视频处理完毕后，点击"提交"按钮，即可完成轮播设置操作，如图 7-42 所示。

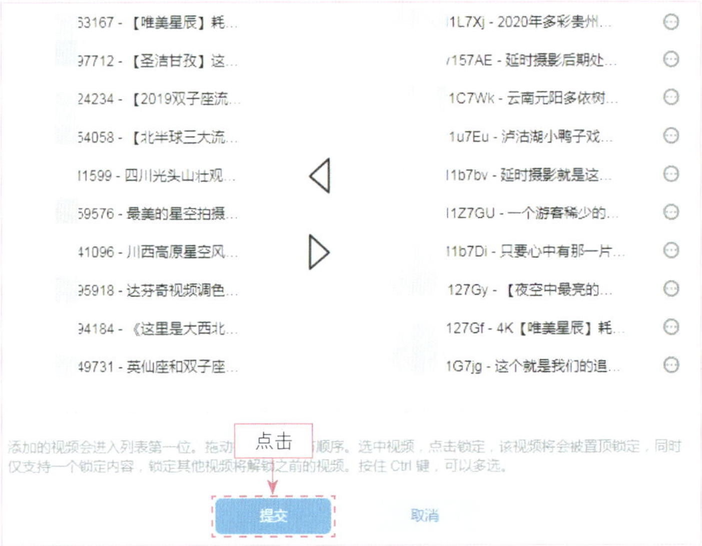

图 7-42　点击“提交”按钮

第8章
后期剪辑：轻松玩视频编辑工具

B站归根到底也是一个视频平台，它考验的不仅是UP主的运营和营销能力，还考验UP主的创作和剪辑能力。

在创作和剪辑过程中，UP主离不开的工具便是视频剪辑工具，本章介绍的是B站的"云剪辑"工具和第三方的剪映APP。

8.1 云剪辑：云渲染，无须导出直接投稿

B站为方便UP主新人进行视频剪辑操作，特意推出了云剪辑功能。不过，需要注意的是，该功能只支持在谷歌Chrome、微软Edge和Opera这3款浏览器上使用。若使用其他浏览器打开云剪辑，则会提示暂不支持，如图8-1所示。

图8-1 暂不支持提示

8.1.1 熟悉软件：云剪辑的特点和设备入口

B 站推出的 bilibili 云剪辑具有以下特点：

（1）bilibili 云剪辑是 B 站推出的线上视频剪辑工具，UP 主无须下载软件或插件，可直接在浏览器中进行操作。

（2）截至 2020 年 6 月底，该剪辑器只支持谷歌 Chrome 内核且该内核版本大于 74 的浏览器（一般来说，安装谷歌 Chrome、微软 Edge 和 Opera 浏览器中任意一款的最新版即可）。

（3）云剪辑提供时间线编辑功能（如滤镜、转场、变速、字幕、贴纸、粒子、特效等）。

（4）云剪辑功能可云端渲染剪辑，无须导出，直接云端投稿即可。

（5）支持多种视频和音频格式，其中生成的视频文件最高只支持 1080P 画质。

在了解了 bilibili 云剪辑的特点之后，那么 UP 主该如何进入 bilibili 云剪辑进行操作？下面笔者进行具体演示。

Step 01 在谷歌 Chrome 浏览器中打开 bilibili 官方网站，登录账号后进入"创作中心"界面，单击"投稿"按钮，如图 8-2 所示。

图 8-2 单击"投稿"按钮

Step 02 跳转至"视频投稿"界面，单击该界面下方"bilibili 云剪辑"卡片右侧的"立即体验"按钮，即可进入云剪辑编辑器，如图 8-3 所示。

图 8-3 单击"立即体验"按钮

8.1.2 导入素材：在云剪辑中导入本地素材

在云剪辑中导入本地素材的操作相对来说比较简单，只需要从资源管理器中选择文件上传即可，具体操作过程如下：

Step01 进入 bilibili 云剪辑主界面单击"开始创建新项目"按钮，如图 8-4 所示。

图 8-4 bilibili 云剪辑主界面

Step02 操作完成后，弹出新建项目弹窗，❶在"输入项目名称"标签后的输入框中填写项目名称；❷单击选择项目尺寸为 16∶9（计算机端尺寸大小）或 9∶16（手机端尺寸大小）；❸最后单击"创建"按钮，如图 8-5 所示。

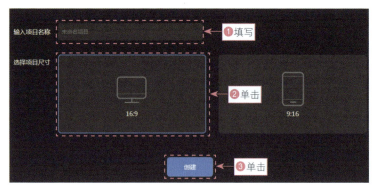

图 8-5 新建项目弹窗

Step03 操作完成后，进入云剪辑的视频编辑器中，视频编辑器的默认停留界面为

"项目资源"界面，UP 主可将文件拖曳至该界面的虚线框内，也可以直接在该界面中单击"上传"按钮。此处笔者以单击"上传"按钮为例，如图 8-6 所示。

Step04 完成操作后，弹出资源管理器窗口，❶ UP 主选择好自己想要上传的视频素材或图片素材；❷ 单击"打开"按钮，如图 8-7 所示。

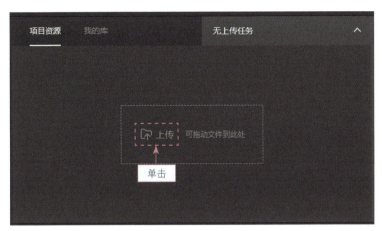

图 8-6 单击"上传"按钮

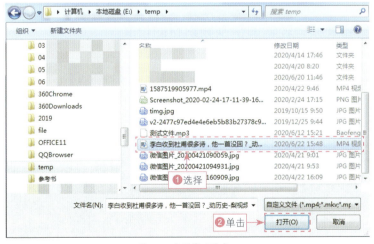

图 8-7 资源管理器窗口

☆专家提醒☆

云剪辑支持的文件格式如下：

（1）支持 mkv、mp4、ts、mts、avi、flv、mov、m2p、mxf、mpg、rm、rmvb、wmv 格式的视频。

（2）支持 MP3、wav、AAC、ac3、m4a 格式的音频。

（3）支持 jpg、jpeg、jpe、bmp、png、gif 格式的图片。

（4）如果 UP 主遇到不支持的视频、音频或图片格式，可先转换成云剪辑支持的格式，再上传到"项目资源"中。

Step 05 操作完成后，等待素材上传和转码成功，即可完成素材导入操作，如图 8-8 所示。

图 8-8　等待素材上传和转码成功

8.1.3　剪辑视频：轻松调整视频素材的长度

云剪辑中调整视频素材长度的操作也很简单，具体操作如下：

Step 01 进入云剪辑的视频编辑器中，将素材库中的视频拖曳至视频剪辑器内，如图 8-9 所示。

图 8-9　拖曳素材

Step02 UP 主可在视频编辑器内点击▥按钮，对视频内容进行删减；UP 主也可以点击▦按钮，进行更多操作。笔者此处以点击▦按钮作为示范操作，如图 8-10 所示。

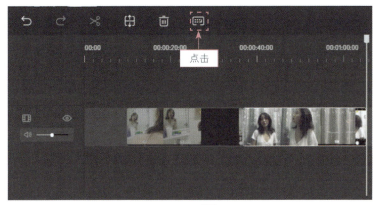

图 8-10　点击▦按钮

Step03 操作完成后，弹出快捷操作菜单，在菜单中可以看到，预览/暂停的快捷键为【Space】、回退或前进的快捷键分别为【←】或【→】、跳到开始的快捷键为【Home】、跳到结束的快捷键为【End】、片段复制的快捷键为【Ctrl+C】、片段粘贴的快捷键为【Ctrl+V】、保存的快捷键为【Ctrl+S】、撤销的快捷键为【Ctrl+Z】、恢复的快捷键为【Ctrl+Shift+Z】、删除的快捷键为【Delete】或【Backspace】，如图 8-11 所示。

图 8-11　快捷操作弹窗

Step04 UP 主可在计算机上使用快捷键进行操作，例如，UP 主想要删除其中一个素材，单击选中该素材，如图 8-12 所示。

Step05 在键盘上使用快捷键【Delete】或【Backspace】或点击▥按钮，即可将该素材移出视频编辑器，笔者建议 UP 主使用快捷键进行操作。

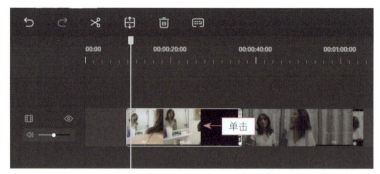

图 8-12 单击选中素材

8.1.4 添加转场：让视频过渡更加平滑自然

前文已经讲过 B 站移动客户端添加转场的操作，下面将讲解在云剪辑器中添加转场的操作。

Step 01 将两段或两段以上的视频素材添加进云剪辑的编辑器中，单击左侧的"转场"按钮，如图 8-13 所示。

图 8-13 单击"转场"按钮

Step 02 完成操作后，进入"转场"界面，UP 主可单击选中转场特效，此处以单击"交叉褪化"转场效果为例，如图 8-14 所示。

Step 03 UP 主长按鼠标左键，将选中的转场特效拖曳到两段素材之间，松开鼠标左键，即可完成添加转场的操作，如图 8-15 所示。

☆专家提醒☆

云剪辑中有"交叉褪化""黑场过渡""白场过渡""扰动""失真"等转场特效，UP 主在添加转场时要考虑转场特效风格的统一性，以免用户观看时有强烈的画面分裂感。

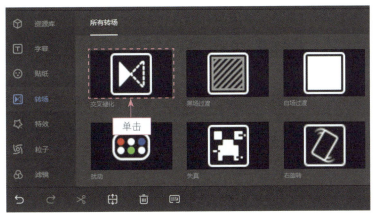

图 8-14 "转场"界面

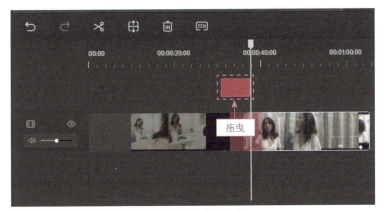

图 8-15 拖曳转场动画

Step 04 转场添加完毕后,两段素材之间会出现一个⊠按钮,UP 主若想自定义转场时长,可单击该按钮,如图 8-16 所示。

图 8-16 单击⊠按钮

Step 05 弹出一个"转场效果"弹窗,UP 主如果对该转场特效不满意,可单击按钮删除该转场特效;也可单击时长设置右侧的输入框,自定义转场时长。笔者此处以单击输入框为示范操作,如图 8-17 所示。

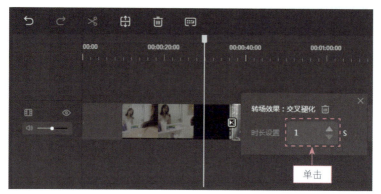

图 8-17 "转场效果"弹窗

8.1.5 音频处理:在云剪辑中分离视频原声

UP 主还可以利用云剪辑将视频中的原声或者音轨分离出来,从而后期可以实现修改分离处理的原声或音轨。

Step 01 将视频素材添加进云剪辑的编辑器中,单击视频素材,如图 8-18 所示。

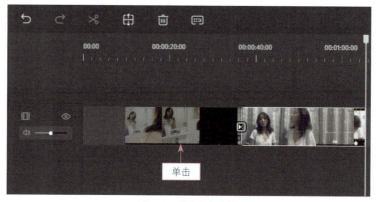

图 8-18 单击视频素材

Step 02 随后视频周围会出现一个白线框,单击上方的按钮,如图 8-19 所示。

Step 03 等待数秒,即可将原声分离处理出来。UP 主拖动左侧的音量条,即可调节视频原声的音量;也可直接单击视频原声标题进行更多操作。此处以单击视频原声标题为例,如图 8-20 所示。

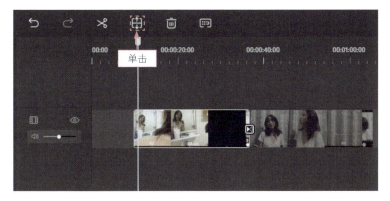

图 8-19 单击上方的按钮

图 8-20 单击视频原声标题

Step 04 进入"音乐设置"界面,选择"音乐特效",也可对音频参数进行调整,如图 8-21 所示。

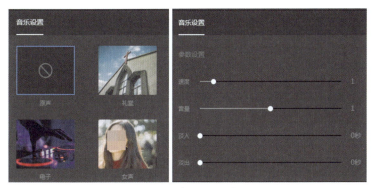

图 8-21 "音乐设置"界面

8.2 剪映:操作简单,新人可快速上手

如今,视频剪辑工具越来越多,功能也越来越强大。本节以剪映 APP 为例介绍视频后期处理的常用操作方法。

8.2.1 添加滤镜：让视频变得大气又酷炫

下面笔者介绍使用剪映 APP 为视频添加滤镜效果的操作方法。

Step 01 在剪映 APP 中导入视频素材，点击"滤镜"按钮，如图 8-22 所示。

Step 02 在底栏点击选择合适的滤镜，如点击"自然"滤镜，如图 8-23 所示。

图 8-22　点击"滤镜"按钮

图 8-23　点击"自然"滤镜

Step 03 拖动视频下方的 ▯ 按钮，以调节视频中滤镜的使用时长，如图 8-24 所示。

Step 04 此外，UP 主还可以拖动下方红色小横条上的 ◉ 按钮，以调节滤镜的深浅程度，如图 8-25 所示。

图 8-24　拖动视频下方的 ▯ 按钮

图 8-25　拖动 ◉ 按钮

Step 05 ❶ UP 主可点击播放按钮，预览滤镜效果；❷ 确认无误后，点击"导出"按钮，如图 8-26 所示。

Step 06 跳转至导出界面，调整好分辨率和帧率等参数后，点击"导出"按钮，完成添加滤镜操作，如图 8-27 所示。

图 8-26　预览滤镜效果

图 8-27　导出界面

8.2.2 添加特效：让视频动画更加流畅

剪映 APP 不仅可以为视频添加滤镜，还可以为视频添加动画，让视频看起来更流畅。

Step 01 在剪映 APP 中导入视频素材，点击"特效"按钮，如图 8-28 所示。

Step 02 进入特效界面，点击"新增特效"按钮，如图 8-29 所示。

Step 03 进入特效选择界面，笔者以点击"开幕"特效为例，如图 8-30 所示。

Step 04 拖动视频下方的 □ 按钮，以调节视频中特效的使用时长，如图 8-31 所示。

Step 05 可点击播放按钮，预览特效效果；确认无误后，点击"导出"按钮，如图 8-32 所示。

Step 06 跳转至导出界面，调整好分辨率和帧率等参数后，点击"导出"按钮，完成添加效果操作，如图 8-33 所示。

图 8-28 点击"特效"按钮

图 8-29 特效界面

图 8-30 点击"开幕"特效

图 8-31 拖动按钮

图 8-32 预览特效效果

图 8-33 导出界面

第9章
引流吸粉：实力圈粉就这么简单

对于B站UP主来说，要想获取可观的收益，关键在于获得足够的流量。那么，如何实现快速引流？

本章将从引流平台内引流和平台外引流两个角度来分析，帮助大家快速聚集大量用户，实现品牌和产品的高效传播。

9.1 内部推广：打造个人私域流量池

B站内的流量只是平台的流量，属于公域流量。UP主在运营过程中需要做的就是通过引流推广，让用户关注你的账号，从而让公域流量变成私域流量。

9.1.1 B站动态引流

B站动态引流主要可以分为专栏引流和视频引流，下面进行详细介绍。

1. 专栏引流

当UP主在B站专栏区投稿时，可以使用以下两种方式进行引流。

（1）回复专栏评论

当UP主在专栏发完文章后，可适当挑选一些评论进行回复，以此作为互动来吸引更多的用户，如图9-1所示。

☆专家提醒☆

UP主可挑选自己认为重要的评论进行回复，重复提问和灌水性质的评论UP主可直接选择不予理会。如果遇到恶意攻击的评论，UP主应合理利用法律武器，避免网络暴力式和引战。

图 9-1　评论区引流

(2) 文末添加联系方式

在专栏文章末尾 UP 主可以放上自己的联系方式或其他平台账号进行引流,如图 9-2 所示。

图 9-2　文末图文引流

2．视频引流

视频引流有 3 种手段,分别是视频标题引流、视频封面引流和视频简介引流。

(1) 视频标题引流

2020 年 3 月在 B 站大火的罗翔教授,其视频标题风格是"语不惊人死不休",如图 9-3 所示。

可以看出,从罗教授的视频标题"脑死亡患者要不要停止治疗？刑法如何界定死亡？""母亲妻子前妻女友同时落水，你该救谁？""利用航班延误骗保300万，李某到底有没有犯罪？""牺牲1个智力残疾者救5个有前途的年轻人？合理吗？"……可以看出，他的视频看标题就很吸引人。

图9-3 罗教授的短视频

（2）视频封面引流

笔者在刷B站短视频时，发现热门推荐里很多视频封面都是二次元人物，或者是动漫场景，如图9-4所示。

图9-4 二次元风格的封面

此外，B站很多视频的封面都是图文形式的，这样更能凸显该视频的重点，吸引用户的眼球，如图9-5所示。

（3）视频简介引流

B站短视频下方的视频简介可以简短介绍视频内容，UP主可以在这里适当添加一些引流信息，如图9-6所示。

图 9-5　图文形式的封面

图 9-6　视频简介引流

9.1.2　弹幕与评论引流

弹幕与评论区引流的性质是一样的,只是一个是在视频上,一个是在视频评论区。

1. 弹幕引流

弹幕引流比较简单,UP 主只要在弹幕里发送引流信息即可,如图 9-7 所示。

不过需要注意的是,引流的弹幕要有针对性,如卖化妆品的 UP 主选择在化妆视频里发引流弹幕。

第 9 章　引流吸粉：实力圈粉就这么简单

图 9-7　弹幕引流

如果 UP 主是新账号，那么该账号无法发弹幕。UP 主要想开通弹幕功能，就必须答题转正。具体操作很简单，在 旁边有"答题转正"或"继续答题"按钮，点击该按钮即可跳转至答题界面，如图 9-8 所示。

图 9-8　答题转正

☆专家提醒☆

B 站为什么发弹幕需要答题转正？原因其实很简单：

（1）让新人用户相对全面地了解 B 站信息。

（2）题目中会有弹幕礼仪题，一来可以筛选素质低下的用户，提高弹幕质量；二来可以让新人用户了解 B 站的弹幕礼仪。

（3）答题只是一个维持 B 站用户增长和内容质量两者平衡的机制。

（4）B 站用户转正不易，用户会更加珍惜自己的账号，而对于 B 站官方来说，答题可以提高 B 站用户的黏性。

（5）B 站答题可以帮助官方更好地区分云玩家和圈内人，在一定程度上可以优化 B 站数据和算法。

2．评论引流

评论引流分为视频评论引流和专栏评论引流，其中专栏评论引流在前面介绍视频引流时已经提过，下面重点介绍视频评论引流。

Step01 在 B 站客户端首页点击顶栏的"热门"栏目，如图 9-9 所示。

Step02 执行操作后跳转至"热门"栏目，UP 主点击该栏目下可能有受众的热门视频，如图 9-10 所示。

图 9-9　B 站客户端首页

图 9-10　"热门"栏目

Step03 跳转至视频界面，点击视频下方的"评论"按钮，如图 9-11 所示。

Step04 执行操作后跳转至视频评论区，在下方输入框中输入相关引流评论即可，如图 9-12 所示。笔者不建议直接输入引流信息，而是输入一些能抢热评的评论。

图 9-11 视频页面

图 9-12 视频评论

9.1.3 认证引流

当 UP 主的个人认证通过审核时,认证信息会显示在个人主页下方,图标为黄色⚡,如图 9-13 所示。如果是企业认证,则图标为蓝色⚡,如图 9-14 所示。

图 9-13 个人认证

图 9-14 企业认证

如果 UP 主获得了官方荣誉,如"2019 年度百大 UP 主",那么该荣誉也会显示在认证信息中,如图 9-15 所示。

图 9-15　官方荣誉

无论是个人认证、企业认证，还是官方荣誉，都可以增加 UP 主的权威性，从而吸引更多的粉丝。

9.1.4　福利引流

在 B 站上我们常常能看到 UP 主做一些抽奖活动，给粉丝送出一些周边或电子产品，如图 9-16 所示。这种做法不仅可以提高 UP 主在粉丝心目中的形象，增强粉丝的黏性，也能吸引更多的粉丝关注 UP 主，从而达到吸粉引流的目的。

图 9-16　UP 主的抽奖活动

9.1.5 矩阵账号引流

所谓 B 站营销矩阵，就是将多个 B 站账号组合起来共同进行营销。具体来说，根据账号运营者的不同，B 站账号矩阵大致可分为两类，一是个人矩阵；二是团队矩阵。

个人矩阵就是一个运营主体（可以是个人，也可以是团队）同时运营多个 B 站账号。团队矩阵则是将有联系的 B 站账号联合起来，共同进行营销。常见的团队矩阵包括家庭矩阵和企业矩阵。

例如，B 站有两个账号，一个是"MIJIA 米家"，另一个是"小米公司"，如图 9-17 所示。这两个账号都是隶属于小米集团的官方企业账号，而且两个账号之间经常会进行一些互动。因此，在这两个账号的运营过程中，很容易形成一个企业矩阵。

图 9-17　企业矩阵

9.1.6 互推引流

互推引流指的是 B 站账号之间进行互推，也就是两个或者两个以上的 UP 主之间达成协议，进行粉丝互推，达到共赢的目的。

相信大家在很多 B 站账号中曾见到过某一个 UP 主会专门拍一个视频给其他 UP 主的情况，这种推广就是 B 站账号互推。这两个或多个 UP 主会约定好有偿或者无偿为对方进行推广，这种推广能很快见到效果。

UP 主在采用 B 站账号互推吸粉引流时，需要注意的一点是，找的互推账号类型尽量不要与自己是一个类型的，因为这样运营者之间会存在一定的竞争关系。

两个互推的 B 站账号之间尽量存在互补性。举个例子，你的 B 站账号是卖健身用品的，那么你选择互推时，就应该先考虑找那些推送减肥教程的 B 站账号，这样获得的粉丝才是有价值的。

9.1.7 内容造势引流

虽然一个企业或个人在平台上的力量有限，但并不能否定其内容的传播影响力。要想让目标群体全方位地通过内容了解产品，比较常用的招式就是为内容造势。

1. 传播轰动信息

UP 主可以给受众传递轰动、爆炸式的信息，借助公众人物来为自己的账号造势，兼具轰动性和颠覆性，能够立刻吸引 B 站用户的眼球。

在这个信息泛滥的时代，想要从众多的视频中脱颖而出，就要制造一定的噱头，用语出惊人的方式吸引受众的眼球。譬如，2020 年 6 月 21 日我国大部分地区都能看到日环食，这算是一条轰动全国的大新闻，在这种背景下，很多 UP 主的视频主题都是日环食，如图 9-18 所示。

图 9-18　以日环食为主题的视频

2. 总结性的内容

扣住"十大"就是典型的总结性内容之一。所谓扣住"十大"，就是指在标题中加入"10个""十大"之类的词语,如《电影中10个自带BGM出场的男人》《2018年十大好电影推荐》等。这种类型视频标题的主要特点就是传播率广、在网站上容易被转载和容易产生一定的影响力。

3. 自制条件造势

除了可以借势外,UP主在推广内容时还可以采用自我造势的方式来获得更多的关注度和更大的影响力。任何内容运营推广,都需要两个基础条件,即足够多的粉丝数量和与粉丝之间拥有较为紧密的关系。

UP主只要紧紧扣住这两点,通过各种活动为自己造势,增加自己的曝光度,就能获得很多粉丝。为了与这些粉丝保持紧密关系,UP主可以通过各种平台经常发布内容,还可以策划一些线下活动,通过自我造势带来轰动,引发观众围观。

B站官方会推出一些线上活动,UP主可以积极参与,如果在活动中表现突出,不仅可以获得B站官方的礼品或奖励,还有机会上活动封面,为自己引流,如图9-19所示。

图9-19 上活动封面的UP主

UP主也可以在活动的评论区为自己的作品拉票,这样也相当于给自己引流吸粉,如图9-20所示。

总的来说,自我造势能够让消费者清晰地识别并唤起他们对产品的联想,并进行消费,可见其对内容运营推广的重要性。

图 9-20　为自己的作品拉票

9.1.8　个人简介引流

UP 主通过自己主页的个人简介引流是基本操作，大部分 UP 主都会在个人简介中写上联系信息和粉丝群，如图 9-21 所示。

图 9-21　个人简介引流

9.2 引流推广：B 站的视频分享渠道

UP 主除了可以通过 B 站内部引流，还可以通过外部平台引流，如微信、QQ、酷安、微博等。

9.2.1 微信引流

根据腾讯 2019 年数据，微信及 WeChat 的合并月活跃账户达到 11.5 亿，已实现对国内移动互联网用户的大面积覆盖，成为国内最大的移动流量平台之一。下面介绍使用微信为 B 站账号引流的具体方法。

（1）朋友圈引流：UP 主可以在朋友圈中发布 B 站上的视频作品，吸引朋友圈好友关注。需要注意的是，朋友圈只能发布时长在 10 秒内的视频，所以，发布时我们还需要对其进行剪辑，尽可能选择精华内容。

（2）微信群引流：UP 主通过微信群发布自己的 B 站视频后，群用户可点击视频链接，查看内容，从而增加内容的曝光率。不过，UP 主要注意微信群发布的时间应尽量与 B 站上同步，也就是说发完 B 站视频后马上分享到微信群。

（3）公众号引流：公众号可以定期发布 B 站视频，将公众号粉丝引流到 B 站，以提高 UP 主的曝光率。图 9-22 所示为御史房的微信公众号和 B 站账号。

图 9-22　御史房的矩阵账号

9.2.2 QQ 引流

作为最早的网络通信平台，QQ 拥有强大的资源优势和底蕴，以及庞大的用户群，是 B 站视频运营者必须巩固的引流阵地。

（1）QQ 签名引流：用户可以自由编辑或修改"签名"的内容，在其中引导 QQ 好友关注 B 站账号。

（2）QQ 头像和昵称引流：QQ 头像和昵称是 QQ 号的首要流量入口，用户可以将其设置为 B 站的头像和昵称，增加 B 站账号的曝光率。

（3）QQ 空间引流：QQ 空间是 UP 主可以充分利用起来进行引流的一个好地方，用户可以在此发布视频作品。注意要将 QQ 空间权限设置为所有人都可访问，如果不想有垃圾评论，也可以开启评论审核。

（4）QQ 群引流：用户可以多创建和加入一些与 B 站相关的 QQ 群，多与群友进行互动，让他们对你产生信任感，此时发布作品来引流就自然会水到渠成。

（5）QQ 兴趣部落引流：QQ 兴趣部落是一个基于兴趣的公开社区，能够帮助用户获得更加精准的流量。用户也可以关注 QQ 兴趣部落中的同行业达人，多评论他们的热门帖子，可以在其中添加自己的 B 站账号相关信息，收集到更加精准的受众。

在 QQ 兴趣部落活跃着一批年轻人，点进去可以看到很多 B 站 UP 主在 QQ 兴趣部落引流，如图 9-23 所示。

图 9-23　QQ 兴趣部落引流

9.2.3 酷安引流

酷安对于非数码圈的人来说肯定不太熟悉，但是对于 B 站数码圈的 UP 主应该非常熟悉。如果 UP 主在 B 站主攻数码或评测这一块，可以尝试在酷安引流，吸引该社区更多的粉丝购买自己的数码产品和周边等。

不过，值得数码 UP 主注意的是，酷安官方已经入驻 B 站，它发布的视频主要是数码评测视频，经常对近期热门的高端旗舰手机进行评测，从而吸引更多用户前往酷安社区，如图 9-24 所示。

图 9-24 酷安官方

在酷安数码社区笔者经常能看到很多 B 站 UP 主在为自己的视频引流，如图 9-25 所示。

图 9-25 酷安数码社区引流

9.2.4 微博引流

微博是国内最大的实时信息分享平台，B 站很多 UP 主在微博上进行引流。图 9-26 所示为某明星与哔哩哔哩合作后，在微博为自己的 B 站账号引流。图 9-27 所示为某 UP 主在微博为自己的新视频预热引流。

图 9-26　某明星的微博

图 9-27　某 UP 主的视频预热与引流

9.2.5 更多引流

B 站 UP 主"老邪说电影"不仅拥有 B 站账号，还有 YouTube 账号。YouTube 是一个国际性视频网站，"老邪说电影""小片片说大片"等 B 站 UP 主都开通了 YouTube 账号，以吸引华人群众和国外用户，如图 9-28 所示。

图 9-28　B 站 UP 主的 YouTube 账号

第 10 章
互动管理：做好粉丝运营的关键

粉丝的力量是无穷的，就像现在的一线流量明星，支撑他们的不是自己的演技和能力，而是上千万甚至上亿的粉丝。当 UP 主意识到流量粉丝的重要性时，就可以进一步加强与粉丝的互动，提升粉丝的黏性。

10.1 评论管理：让你开心互动，没有烦恼

UP 主可以对用户的评论进行管理，如置顶、回复等，并通过评论管理来提高自己与用户之间的互动频率。

10.1.1 视频评论管理

UP 主进行视频管理操作的步骤如下：

Step 01 UP 主登录 B 站计算机网页端后，进入创作中心，单击"互动管理"按钮，如图 10-1 所示。

图 10-1　单击"互动管理"按钮

Step 02 进入"视频评论"界面，UP主可在此界面查看"最近发布""点赞最多""回复最多"的评论。笔者以单击"点赞最多"按钮为例，如图10-2所示。

图10-2 单击"点赞最多"按钮

Step 03 操作完成后，跳转至"点赞最多"界面，该界面的评论是按照点赞量从高至低排序的。UP主仔细观察可发现，该界面是针对所有视频评论进行排序的，而不是针对某一个视频的评论。如果UP主想查看该评论是否为所属视频点赞量最高的评论，单击视频封面即可，如图10-3所示。

图10-3 单击视频封面

Step 04 跳转至视频播放界面后，UP主在该视频评论区上方即可看到热度最高（也就是点赞量最高）的评论，如图10-4所示。

图10-4 视频播放界面的评论区

Step 05 跳转回"视频评论"界面,选择自己认为很不错的一条评论,单击👍按钮,即可为该条评论点赞,如图10-5所示。

图 10-5 单击👍按钮(1)

Step 06 UP主在点赞完成后,如果后悔为该条评论点赞,或者手滑点赞了该条评论,可单击👍按钮,取消点赞该条评论,如图10-6所示。

图 10-6 单击👍按钮(2)

Step 07 UP主除了可以直接查看评论相关数据,如回复量、点赞量等,还可以进行更多操作。UP主将光标放置在"回复"标签附近,即可弹出"举报"和"删除"标签。UP主可单击"回复"标签,对该用户进行答疑解惑或者利用评论进行引流;单击"举报"按钮,可以举报该用户的不实或违规言论;单击"删除"按钮,即可删除该条评论,如图10-7所示。

图 10-7 单击"举报"按钮

UP 主除了可以在计算机网页端对 B 站视频评论进行管理外,还可以在移动客户端对视频评论进行管理。

Step 01 打开 B 站移动客户端,进入"我的"界面,点击"创作中心"下的"创作首页"按钮,如图 10-8 所示。

Step 02 进入"创作中心"界面,点击"互动管理"按钮,如图 10-9 所示。

图 10-8 点击"创作首页"按钮

图 10-9 点击"互动管理"按钮

Step 03 进入"视频评论"界面,点击"回复评论"按钮,如图 10-10 所示。

Step 04 弹出评论回复输入框,UP 主可以在输入框中填写回复内容,点击"发布"按钮,如图 10-11 所示。

Step 05 UP 主除了可以回复评论外,还可以点击 👍 按钮对评论进行点赞,点击 ⋮ 按钮,可以进行更多操作。笔者以点击 ⋮ 按钮为例,如图 10-12 所示。

第 10 章 互动管理：做好粉丝运营的关键

图 10-10 "视频评论"界面　　　　图 10-11 回复输入框

Step 06 弹出相应提示框后，UP 主可点击该弹窗内相对应的选项，对评论进行置顶、举报或删除操作，如图 10-13 所示。

图 10-12 点击 ⋮ 按钮　　　　图 10-13 弹出相应操作弹窗

10.1.2 专栏评论管理

UP 主可以通过与视频评论管理相似的操作，对专栏评论进行管理。

Step 01 UP 主进入"视频管理"界面后，点击中间的"专栏评论"标签，如图 10-14 所示。

图 10-14 "视频管理"界面

Step 02 操作完成后,进入"专栏评论"界面,UP 主如果想通过评论中的关键字来搜索评论,可点击右上角的"搜索专栏评论"输入框,如图 10-15 所示。

图 10-15 "专栏评论"界面

Step 03 UP 主可在"搜索专栏评论"输入框中填写关键字,然后按【Enter】键,即可查询到包含该关键字的评论,如图 10-16 所示。

图 10-16 搜索专栏评论

Step 04 此外,UP 主还可以根据"最近发布""点赞最多""回复最多"来对专栏评论进行排序;也可以与视频评论一样,对专栏评论进行点赞、回复、举报、删除等操作。

10.2 弹幕管理:奇葩搞笑,让你笑到脸抽筋

打开 B 站视频,用户可以从弹幕的搞笑言论中获得乐趣,也可以参与到弹幕互动中去。值得 UP 主注意的是,其弹幕越密集,说明视频越受用户欢迎,甚至有些视频还会出现弹幕叠加弹幕的现象,如图 10-17 所示。

图 10-17　弹幕叠加弹幕的视频

10.2.1　普通弹幕管理

UP 主打开 B 站移动客户端后,可在上面进行普通弹幕管理的操作。
Step 01 进入"互动管理"界面,点击"弹幕"标签,如图 10-18 所示。
Step 02 跳转至"弹幕"选项卡,点击"最近弹幕"按钮,如图 10-19 所示。
Step 03 弹出"最近弹幕"弹窗,UP 主可以选择最近 5 个视频的弹幕进行管理,笔者以点击列表中第 1 个视频为例,如图 10-20 所示。
Step 04 选择一个弹幕,点击右下角的 ⋮ 按钮,如图 10-21 所示。

图 10-18 "互动管理"界面

图 10-19 "弹幕"界面

图 10-20 "最近弹幕"弹窗

图 10-21 点击:按钮

Step 05 操作完成后,弹出一个操作菜单,点击"保护"或者"删除"按钮,即可完成对弹幕的保护或删除操作,如图 10-22 所示。

图 10-22 操作菜单

10.2.2 高级弹幕管理

用户除了可以发布普通弹幕,还可以发送高级弹幕(如带有颜色的弹幕字体、弹幕字体大小、弹幕生存时间等)。普通弹幕相对来说没什么限制,高级弹幕需要 UP 主审核。

Step 01 打开 B 站计算机网页端,进入创作中心,单击"互动管理"选项,如图 10-23 所示。

图 10-23 单击"互动管理"选项

Step 02 操作完成后,自动展开"互动管理"列表,可以看到列表中有"评论管理"和"弹幕管理"两个选项,单击"弹幕管理"选项即可,如图 10-24 所示。

图 10-24 单击"弹幕管理"选项

Step 03 跳转至"稿件弹幕"界面，可看到该界面顶栏有"稿件弹幕""弹幕设置""弹幕反馈"3个选项，单击"弹幕设置"标签，如图10-25所示。

图10-25 "稿件弹幕"界面

Step 04 跳转至"弹幕设置"选项卡，如果想限制高级弹幕的使用权限，可以单击"高级弹幕请求"标题右侧的"任何人"选项，如图10-26所示。

图10-26 "弹幕设置"界面

Step 05 操作完成后，弹出"高级弹幕请求"列表，有"任何人""仅限粉丝""仅限互相关注""始终拒绝"4个选项，笔者建议选择"仅限粉丝"选项，这样可以吸引更多想要发高级弹幕的用户关注UP主，达到引流的目的，如图10-27所示。

图 10-27 选择"仅限粉丝"选项

10.2.3 弹幕过滤屏蔽

使用弹幕过滤功能和屏蔽功能，可以最大限度地过滤用户的敏感或违规词汇，达到净化弹幕的目的。

1．过滤违规词

UP 主可以自己设定相关规则，以过滤 B 站弹幕的违规词汇，具体操作如下：

Step 01 打开 B 站计算机客户端的"弹幕设置"界面，❶输入需要被过滤的关键词，如果是多个关键字，可用英文逗号将两个关键字隔开；完成关键字输入后，❷单击"添加"按钮即可，如图 10-28 所示。

图 10-28 "弹幕设置"界面

Step 02 正则表达式(英文名为"regular expression")是一种字符串匹配模式,可以模糊搜索并匹配关键字,比如在正则表达式中"[0-9]"代表 0-9 这 10 个数字;"[a-zA-Z]"表示重复 a-z(不区分大小写)这 24 个字母。因此,❶ UP 主可输入"[a-zA-Z0-9][-a-zA-Z0-9]{0,62}(/.[a-zA-Z0-9][-a-zA-Z0-9]{0,62})+/.?"正则表达式;❷单击"添加"按钮,即可禁止用户在弹幕中发送网址,如图 10-29 所示。

图 10-29 禁止用户在弹幕里发送网址

下面介绍部分常用的正则表达式(正则表达式中的符号必须用英文符号,否则无法过滤关键字),以供 UP 主参考,如表 10-1 所示。

表 10-1 常用正则表达式

正则表达式	描述
[a-zA-Z\d_]{5,}	匹配弹幕中微信号
[1-9][0-9]{4,}	匹配弹幕中的腾讯 QQ 号
\w+([-+.]\w+)*@\w+([-.]\w+)*\.\w+([-.]\w+)*	匹配弹幕中的电子邮件地址
(\(\d{3,4}-)|\d{3,-)?\d{7,8}	匹配弹幕中的电话号码
^\d{15}|\d{18}$	匹配弹幕中的身份证号码
[1-9]\d{5}(?!\d)	匹配弹幕中的中国邮政编码
((?:(?:25[0-5]|2[0-4]\\d|[01]?\\d?\\d)\\.){3}(?:25[0-5]|2[0-4]\\d|[01]?\\d?\\d))	匹配弹幕中的 IP 地址

2．弹幕屏蔽

UP 主可在视频播放界面对指定用户或指定弹幕进行屏蔽处理，具体操作如下：

Step01 打开 B 站的"稿件管理"界面，点击其中一个视频，如图 10-30 所示。

Step02 进入视频播放界面，点击视频右下角的 ▫ 按钮，如图 10-31 所示。

图 10-30　"稿件管理"界面　　　　　图 10-31　点击 ▫ 按钮

Step03 进入视频全屏播放界面，在弹射过去的弹幕中选中并长按一条弹幕，如图 10-32 所示。

图 10-32　视频全屏播放界面

Step04 视频全屏播放界面会弹出一个"当前弹幕列表"弹窗，UP 主可以看出列表左侧第 1 列是弹幕出现的时间，左侧第 2 列是弹幕的具体内容，右侧的第 1 列和第 2 列表示的是弹幕被点赞的数量。点击 👍 按钮，即可为该条弹幕点赞，重复点击即可取消点赞。如果 UP 主想对弹幕进行更多操作，可点击右侧的"管理模式"按钮，如图 10-33 所示。

图 10-33 "当前弹幕列表"的弹窗

Step 05 操作完成后,弹幕时间前方会出现◯按钮,可通过点击◯按钮选中多个弹幕,如图 10-34 所示。

图 10-34 点击◯按钮

Step 06 选择相关弹幕后,可点击下方的"删除弹幕"或"禁言用户"按钮实现相关操作。❶笔者以点击"删除弹幕"按钮为例;❷确认无误后,点击"完成"按钮,即可删除弹幕,如图 10-35 所示。

图 10-35 删除弹幕

10.3 粉丝管理：提升粉丝管理的使用体验

UP 主可以对粉丝进行管理，如打造粉丝后援团、发放粉丝专属福利等，以提高粉丝的使用体验和黏性。如果 UP 主还能进一步分析粉丝画像，规划好自己的变现计划，可以将粉丝管理玩转到极致。

10.3.1 查看粉丝列表

B 站移动客户端查看粉丝列表很简单，进入"我的"界面，点击"粉丝"按钮，如图 10-36 所示。

图 10-36　移动客户端查看粉丝列表

B 站计算机网页端查看粉丝列表也很简单，将鼠标放置在头像上，弹出个人信息面板，点击"粉丝"按钮。进入"我的粉丝"界面，即可看到自己的全部粉丝，如图 10-37 所示。

图 10-37　计算机网页端查看粉丝列表

10.3.2　打造应援团粉丝群

应援团是指的是 B 站 UP 主的专属粉丝群，UP 主开通粉丝勋章后即可在"消息设置"中开通应援团。应援团开通后的效果和开通攻略如图 10-38 所示。

图 10-38　应援团开通后的效果和开通攻略

UP 主需要明白的是，当 UP 主的一个应援团人数达到 1000 人时，系统会自动给 UP 主开通新的应援团。因此，我们经常能看见某些 UP 主应援团人数超过 1000 人时其应援团名称就成了"×××的应援粉丝团④"，如图 10-39 所示。

图 10-39　应援团名称

此外，UP主开通应援团后，应当遵守B站的《应援团使用规范》（完整版可在B站官方网站查看），如图10-40所示。

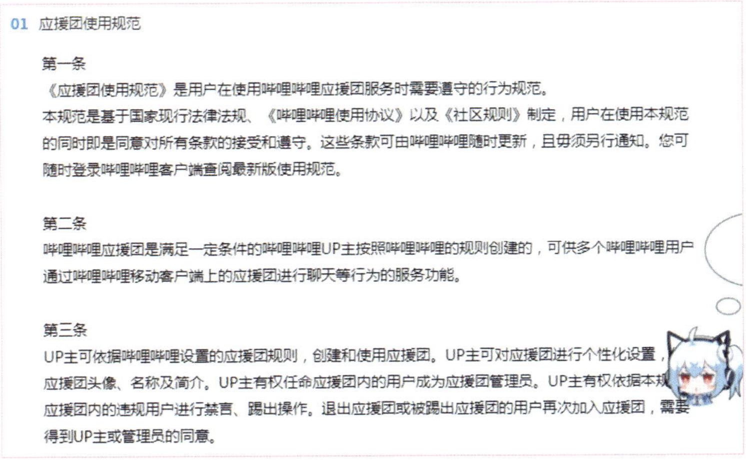

图10-40 《应援团使用规范》（部分）

第 11 章
数据运营：提升粉丝存留率和活跃度

面对视频营销推广风口，UP 主要想在竞争中获得胜利，就必须了解自己的受众群体的数据，进行精准分析，从而达到引流的效果。

UP 主需要对粉丝的性别、年龄、地区等进行全面了解，才可以为这场战争打好营销基础。

11.1 视频数据：掌握数据分析能力很关键

UP 主在进行 B 站视频运营的过程中，内容既是运营的重心，也是用户熟悉、接受产品和品牌的重要途径。因此，运营者需要对内容进行重点关注——不仅要策划、收集、制作内容，还要对自己的运营内容进行评估，以便确定未来的内容运营方向。在本节中，笔者将会为大家分析多项视频数据。

11.1.1 播放完成率分析

一般来说，内容越精彩的视频，其稿件播放完成率就越高。

Step 01 UP 主进入 B 站计算机网页端的"创作中心"界面，单击左侧的"数据中心"选项，如图 11-1 所示。

图 11-1 "创作中心"界面

Step 02 进入"数据中心"界面,即可看到播放完成率统计图,如图 11-2 所示。

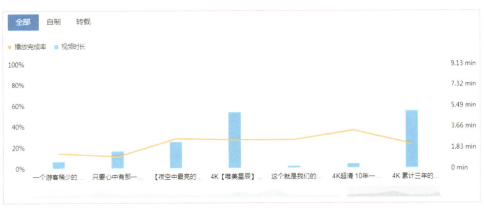

图 11-2 播放完成率统计图

下面分析播放完成率统计图表。图 11-3 所示为播放完成率统计图表左侧纵轴,它代表的是视频播放完成率,具体计算方式如下:用户平均观看时长 ÷ 视频时长 × 100%。如图 11-4 所示,右侧纵轴为视频时长,min 代表的是分钟,数据会精确到小数点后两位。

图 11-3 左侧纵轴

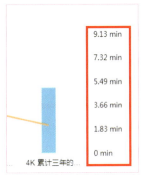

图 11-4 右侧纵轴

图 11-5 所示为播放完成率统计图表横轴,它代表的是视频名称,横轴上方的蓝色柱状体代表的是当前视频时长,黄色的折线代表的是该视频的播放完成率。

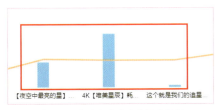

图 11-5 播放完成率统计图表横轴

播放完成率统计图表横轴上最多只能显示 7 个中文字符,超过 7 字符会自动折叠。

如果 UP 主想查看视频标题和具体数据，可将鼠标放置在蓝色柱状体上，如图 11-6 所示。

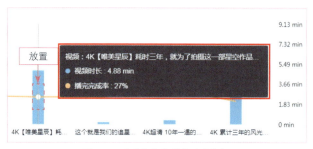

图 11-6　查看视频标题和具体数据

播放完成率统计图表底部有一个　按钮，UP 主可通过拖动该按钮调节蓝色柱状体的显示数量。图 11-7 所示为播放完成率统计图表，当前图表蓝色柱状体显示数量为 6 个，说明只显示了 6 个视频的数据，UP 主如果想查看更多视频的数据，可尝试向左拖动　按钮。

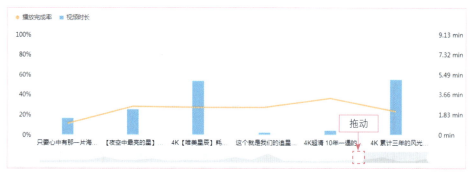

图 11-7　6 个蓝色柱状体

向左拖动　按钮后，很明显能看到蓝色柱状体显示数量已增加至 11 个，如图 11-8 所示。

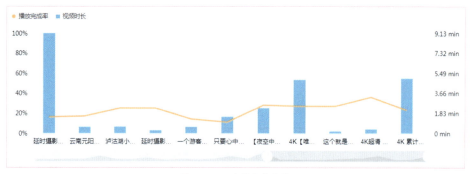

图 11-8　11 个蓝色柱状体

11.1.2 增量数据趋势分析

增量数据趋势折线图也可以在创作中心查看，如图 11-9 所示。其中折线图纵轴为视频播放量，横轴为日期。

图 11-9　增量数据趋势折线图

下面具体分析增量数据趋势折线图。图 11-10 所示为 2020 年 6 月 7 日至 6 月 11 日播放量数据增量曲线图，可以明显看出该 UP 主的播放量增量遭遇了一次大的波谷，我们可以大胆推测该 UP 主可能这段时间没有及时更新视频，或者该 UP 主发布的视频难以吸引用户的兴趣。

图 11-11 所示为 2020 年 6 月 19 日至 6 月 23 日的播放数据增量曲线图，可以明显看到该 UP 主的播放量增量连续遭遇了两次波峰。因此，我们可以大胆推测，该 UP 主的视频可能"踩中"了热门词汇，或者说 UP 主的视频引发了用户的兴趣。

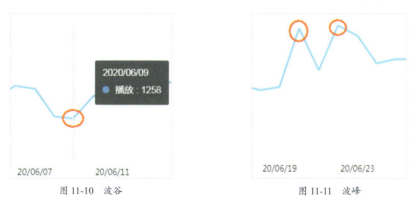

图 11-10　波谷　　　　　　　　　图 11-11　波峰

此外，UP 主可以连接某段时间内起始点和终点为线段，通过这条播放量增量线段，就可以明显看出该段时间内的视频播放量增量走势。图 11-12 所示为上升趋势的视频播放量增量走势图。

图 11-12 视频播放量增量走势图

11.1.3 视频播放量排行分析

UP 主可以在创作中心查看视频播放量排行榜单，具体操作如下：

Step 01 进入 B 站计算机网页端的"数据中心"界面，单击"展开更多"按钮，如图 11-13 所示。

图 11-13 单击"展开更多"按钮

Step 02 展开列表后，UP 主可以看到 10 条视频的播放量数据，如图 11-14 所示。

图 11-14 10 条视频（部分）

Step 03 当 UP 主把鼠标放置在指定的环形区域时，会弹出一个黑色弹窗，上面显示了视频标题、播放数量和播放占比等数据，如图 11-15 所示。

图 11-15　黑色弹窗

11.1.4　播放终端占比分析

图 11-16 所示为某 UP 主的播放终端占比图。可以清晰地看出该 UP 主视频在安卓（英文为"Android"）端的播放占比为 63%，在苹果手机（英文为"iPhone"）端的播放占比为 22%，个人计算机（英文为"Personal Computer"，缩写为"PC"）端的播放占比为 11%，H5（"H5"指的是用 HTML5 语言编写的网页或程序，如微信小程序使用的就是 H5 技术）网页端的播放占比为 4%，站外端的播放占比为 0%。

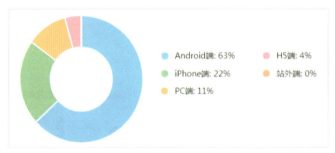

图 11-16　某 UP 主的播放终端占比图

据此，可以分析得出，拿安卓手机观看该 UP 主视频的用户最多，尚没有人在站外端观看该 UP 主的视频。

H5 端的播放量怎么来的？只要有用户在 B 站微信小程序上观看了 UP 主的视频，那么该播放量就会统计进 H5 端这个类别中，如图 11-17 所示。

那么，站外端的播放量又是怎么回事？UP 主或粉丝将视频分享到酷安、微博、贴吧等第三方平台，这种播放量就统计进站外端播放量中。图 11-18 所示为在酷安 APP 上播放 B 站视频。

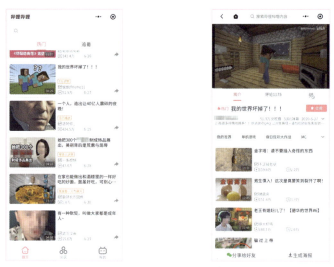

图 11-17　B 站微信小程序

图 11-18　酷安 APP 上播放 B 站视频

11.1.5　各分区占比排行分析

图 11-19 所示为某 UP 主在各分区中的占比排行。可以看出该 UP 主主要活跃的内容区是数码区、生活区和知识区，其中该 UP 主在数码区的排名超过了 2% 的 UP 主，

在生活区的排名超过 1% 的 UP 主，而在知识区的排名却超过了 20% 的 UP 主。根据这些数据，可以得出一个结论：该 UP 主的视频作品更适合发布在知识区。

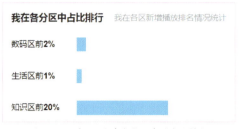

图 11-19　某 UP 主在各分区中的占比排行

11.1.6　游客画像分析

B 站粉丝画像有单独的一个页面，下面介绍 B 站的游客画像分析，如图 11-20 与图 11-21 所示。

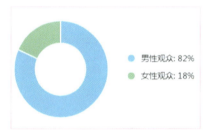
图 11-20　游客画像之性别分布

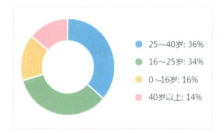
图 11-21　游客画像之年龄分布

通过图 11-20 和图 11-21 我们可以看出，观看该 UP 主视频的游客主要以男性为主，且大多为青年人。

图 11-22 所示为游客播放地区来源分布占比。可以发现观看该 UP 主视频的游客大多位于广东省。

图 11-22　游客播放地区来源分布占比

图 11-23 所示为游客观看该分区视频占比。可以发现观看该 UP 主视频的游客更喜欢日常区的内容，UP 主可根据此信息对自己的定位和内容进行修正。

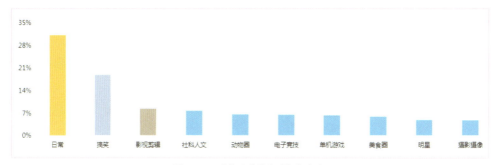

图 11-23　游客观看该分区视频占比

图 11-24 所示为游客喜欢观看的标签占比。可以发现观看该 UP 主视频的游客喜欢带"生活""日常""搞笑"等标签的视频，该 UP 主在发布视频时，可适当添加这类标签，以增加视频的播放量。

图 11-24　游客喜欢观看的标签

11.2　专栏数据：用数据说话，提高竞争力

专栏数据查看方式、分析思路与视频数据大同小异，下面对查看专栏数据操作进行简单介绍。

11.2.1　阅读趋势总览分析

在 B 站计算机网页端打开"专栏数据"界面，即可看到专栏阅读趋势总览分析图，如图 11-25 所示。从图中可以明显看出，2020 年 6 月 18 日至 2020 年 6 月 21 日，该 UP 主的专栏阅读量激增，形成了一个大波峰，意味着该段时间内的文章深受用户欢迎。

图 11-25　专栏阅读趋势总览图

11.2.2 查看专栏专辑的数据

图 11-26 所示为某 UP 主的阅读终端占比。可以看出该 UP 主专栏在 Android 端的播放占比为 67%，PC 端的播放占比为 19%，iPhone 端的播放占比为 14%，H5 端的播放占比为 0%，站外端的播放占比为 0%。说明该 UP 主专栏的主要受众是安卓手机用户。

图 11-26　阅读终端占比

11.3　观众分析：让视频内容更受粉丝欢迎

本节主要从粉丝活跃度、新增用户趋势、新增粉丝来源、粉丝排行和粉丝画像 5 个方面分析 B 站 UP 主的用户定位，分析 UP 主的用户画像和人气特征。

11.3.1 活跃粉丝度分析

图 11-27 所示为粉丝活跃度图表。可以看出，该 UP 主的粉丝观看活跃度为 29%，互动活跃度为 17%，从数据可以看出该 UP 主的粉丝活跃度相对较低。UP 主应该从自身去找原因，譬如是不是视频内容无法调动粉丝的积极性、是不是很少与用户进行沟通交流。找到粉丝活跃度低的问题后，UP 主应该积极寻求解决方案，如为视频增加更多有趣的内容、经常推出与粉丝互动的活动。

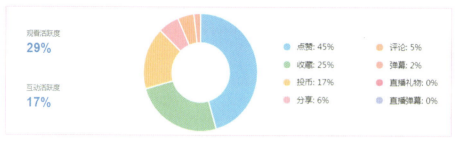

图 11-27　粉丝活跃度图表

再来看该 UP 主的其他信息：粉丝点赞占比为 45%、收藏占比为 25%、投币占比为 17%、分享占比为 6%、评论占比为 5%、弹幕占比为 2%，直播礼物和直播弹幕占比都是 0%。可以分析得出：该 UP 主很少开直播，且其粉丝互动量少。

11.3.2 新增用户趋势

图 11-28 所示为某 UP 主 2020 年 6 月新增用户趋势图。可以看出该 UP 主每日新增用户数都未超过 70，该 UP 主的吸粉能力不够强。

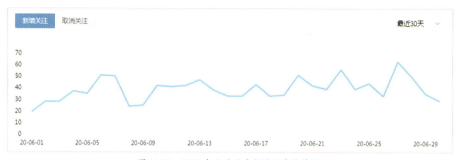

图 11-28　2020 年 6 月用户新增用户趋势图

图 11-29 所示为某 UP 主 2020 年 1—6 月新增用户趋势图。可以看出该 UP 主 1 月激增用户超 12000 人，剩余 5 个月的平均值也没超过 3000 人。

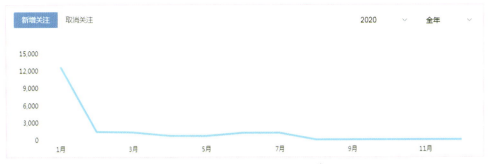

图 11-29　2020 年 1—6 月新增用户趋势图

针对以上两种情况，UP 主可适当调整自己的策略，采取本书提及的引流策略。

11.3.3　新增粉丝来源分析

图 11-30 所示为某 UP 主新增粉丝来源图，我们可以明显看到，该 UP 主的粉丝 64% 是来自主站视频页，22% 是来自主站个人空间，来自专栏和音频的粉丝占比是 0%，来自其他渠道的粉丝占比 14%。

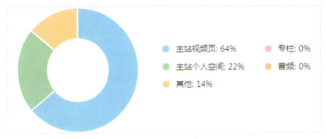

图 11-30　新增粉丝来源图

从这些数据可以发现，该 UP 主可能很少更新专栏稿件和音频稿件，没有粉丝是来自这个渠道。因此，该 UP 主如果能更新一些专栏和音频稿件，便可拓宽自己的吸粉引流渠道。

11.3.4　粉丝排行分析

粉丝排行榜在数据分析中有什么作用？粉丝排行榜（累计视频播放时长排行榜、视频互动指标排行榜和动态互动指标排行榜）中的粉丝都是铁杆粉丝，他们身上存在着无限的变现潜能，如图 11-31 所示。

图 11-31 粉丝排行榜

11.3.5 粉丝画像

例如一个定位摄影的账号，UP 主也是一个爱好摄影的人，经常驾车前往世界各地拍摄星空和其他的美景，因此，该账号的粉丝大多都是爱好摄影的人士，而爱好自然风景摄影的人士以男性为主，我们从该账号的粉丝性别分布就可窥见一斑，如图 11-32 所示。

图 11-33 所示为某 UP 主粉丝年龄分布图。从该图中可得知以下信息：该 UP 主的粉丝年龄大多是年青人（集中在 16～25 岁和 25～40 岁这两个区间内），我们可以进一步分析，16～25 岁的粉丝大多还在上学，或者刚步入社会，没有那么足的资金来购买专业的摄影设备，因此，这部分粉丝只是单纯对摄影感兴趣，UP 主在带货时的产品性价比要相对高一些，以符合这部分粉丝的需求。25～40 岁的粉丝正处于事业上升期，工资足够用来购买高消费品，因此，UP 主可适当推销优良的摄影设备。

图 11-32 粉丝性别分布图

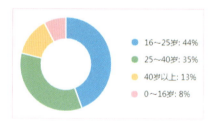

图 11-33 UP 主粉丝年龄分布图

图 11-34 所示为某 UP 主粉丝地区分布图。从该图中可以看出 UP 主的粉丝大多位于广东省。

众所周知，"北上广深"是一线城市，其中广州和深圳都在广东省境内。根据这些信息，大致可以推断出该 UP 主粉丝消费能力挺强，UP 主带货时价格可以稍微往上提一提。

图 11-34　粉丝地区分布图

图 11-35 所示为 UP 主粉丝偏向图，它表示的是用户喜欢的视频类型排行榜。从图中可以看出，该 UP 主是定位的是摄影，因此内容偏向日常，这一点可以从该 UP 主粉丝偏向中得到佐证。

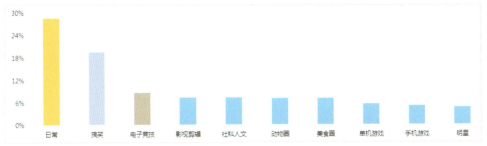

图 11-35　粉丝分区偏向图

图 11-36 所示为粉丝喜欢的标签排行。可以看出该 UP 主的粉丝大多喜欢"生活""搞笑"和"日常"标签，UP 主除了发作品时可以带上这 3 个标签外，还可以适当选取一些生活场景进行拍摄。

图 11-36　粉丝喜欢的标签排行

11.4　排行榜：查看榜单排名及变化趋势

UP 主除了可以查看自己的数据外，还可以通过 "B 站 UP 主数据排行"小程序和"BiliOB 观测者"网站来查看其他 UP 主的数据。下面介绍这两个产品的使用方法。

11.4.1 "B站UP主数据排行"小程序

UP主在"B站UP主数据排行"小程序中可以看到指数榜（综合排名的榜单）和粉丝榜，名列前茅的账号分别是哔哩哔哩番剧和哔哩哔哩漫画，如图11-37所示。

图11-37　指数榜（左）和粉丝榜（右）

在日涨粉量榜单中，"罗翔说刑法"日涨粉量5.95万，可以看出该账号颇受用户欢迎；在日掉粉量榜单中，也存在日掉粉量上万的UP主，如图11-38所示。

图11-38　日涨粉量榜单（左）与日掉粉量榜单（右）

☆专家提醒☆

在发布 B 站视频时,笔者建议大家的发布频率是一周 2～3 条,然后进行精细化运营,保持视频的活跃度,让每一条视频都尽可能上热门。至于发布的时间,为了让作品被更多人看到,一定要选择在线人数多的时候进行发布。

此外,还能在该小程序中看到 B 站视频分区占比图、视频时长分布图和视频发布时间分布图,如图 11-39 所示。

图 11-39 视频分析相关图表

据相关数据统计,看视频最多的场景是在饭前和睡前。尤其是睡前和周末、节假日这些段时间,B 站的用户活跃度相对高一些。笔者建议大家发布时间最好控制在 3 个时间段,如图 11-40 所示。

图 11-40 B 站视频发布时间的建议

同样的作品在不同的时间段发布,效果肯定是不一样的,因为流量高峰期人多,那么作品就有可能被更多人看到。如果运营者一次性录制了好几个视频,千万不要同时发布,每个视频发布时中间至少要间隔一段时间。

另外,发布时间还需要结合自己的目标客户群体的时间,因为职业的不同、工作性质的不同、行业细分的不同及内容属性的不同,发布的时间节点也都有所差别,因此,UP 主要结合内容属性和目标人群,选择一个最佳的时间点发布。再次提醒,最核心的一点就是在人多的时候发布，这时得到的曝光和推荐会大很多。

11.4.2 "BiliOB 观测者"网站

在"BiliOB 观测者"网站首页，大家可以参与到"观察者预测"的互动中来，譬如"哔哩哔哩漫画粉丝数突破 13000000 的时间预测"。此外，UP 主还能看到 B 站的飙升关键字，如图 11-41 所示。

图 11-41　"观察者预测"（左）与"全站飙升关键字"（右）

"BiliOB 观测者"网站也有涨粉榜和掉粉榜，例如，在涨粉榜中腾讯因与老干妈的广告乌龙事件涨粉 9000 多，如图 11-42 所示。

图 11-42　涨粉榜（左）和掉粉榜（右）

在"BiliOB 观测者"网站可以搜索到更多的 UP 主信息，具体操作如下：

Step 01 UP 主进入"BiliOB 观测者"网站的"UP 主查询"界面，在搜索框内输入 UP 主昵称，如"暴走漫画"，如图 11-43 所示。

Step 02 网页刷新完毕，UP 主即可点击"暴走漫画"卡片，如图 11-44 所示。

图 11-43 "UP 主查询"界面　　　　图 11-44 点击"暴走漫画"卡片

Step 03 进入 UP 主详情界面，可在此界面查询其他 UP 主的信息，如"基本"栏目下的"作者介绍""UP 主最新数据""UP 主排名数据"等，如图 11-45 所示。

图 11-45 UP 主详情界面

Step 04 此外，UP 主还能查询"UP 主历史数据""历史变化速率""变化日历""粉丝变化效率""投稿量""播放量"等数据，如图 11-46 所示。

—— 201

图 11-46　查询更多数据

第 12 章
商业变现：让你的才华产生价值

B 站获利方式相对来说比较多，除了 B 站内部的个性装扮变现、广告变现、充电计划变现、创作激励变现、绿洲计划变现、推广橱窗变现外，UP 主还可以积极探索站外变现方式，如微信公众号变现、淘宝变现和官网变现等。

12.1 收益管理：基础变现

B 站从当年一个二次元内容分享网站逐渐成为一个综合性视频网站，其内部变现渠道逐渐变得多种多样，本节将进行详细讲解。

12.1.1 装扮变现

只有 UP 主的 B 站账号是与二次元相关的企业号，才可以申请发布 B 站装扮主题，普通 UP 主无法发布装扮主题。

Step01 打开 B 站客户端，依次点击 "我的" | "我的钱包" 按钮，进入 "我的钱包" 界面，点击 "B 币" 图标，如图 12-1 所示。

Step02 跳转至 "B 币钱包" 界面，如果自己余额不足，可点击下方的 "立即充值" 按钮进行充值，如图 12-2 所示。

Step03 当用户确认自己钱包的 B 站余额充足后，返回"我的"界面，点击"个性装扮"图标，如图 12-3 所示。

Step04 执行操作后，跳转至 "个性装扮" 界面，可以从这个界面看到很多二次元装扮产品，其中很多个性装扮产品都是与 B 站合作的动漫公司和游戏公司制作的。用户选好自己所看中的个性装扮产品后，点击该个性产品的预览图，如图 12-4 所示。

图 12-1 "我的钱包"界面

图 12-2 "B币钱包"界面

图 12-3 "我的"界面

图 12-4 "个性装扮"界面

Step 05 跳转至该个性装扮产品详情页,点击下方的"立即支持"按钮,弹出"购买套装"弹窗,选择好套装的类型和数量后,点击"确认购买"按钮,即可完成充值 B 币和下载个性装扮的流程,如图 12-5 所示。当用户完成个性装扮购买操作后,UP 主可获得一定的平台分成(UP 主出售个性装扮获得的 B 币是可以按照 1:1 的比例兑换成人民币的),从而实现变现。

图 12-5　个性装扮产品详情页

12.1.2 "会员购"变现

"会员购"是 B 站自己的一个电商变现平台，UP 主可引导用户购买二次元手办等。例如，动漫 IP 设计经销商"艾漫"推出了一系列商品，如图 12-6 所示。

图 12-6　"艾漫"会员购主页

12.1.3 广告变现

如果 UP 主粉丝多、流量大，那么就会有广告商找上门，例如，B 站 UP 主"电影最 TOP"就是通过接广告来进行变现的，如图 12-7 所示。

图 12-7　通过广告变现

12.2　官方扶持：快速变现

UP 主除了可以利用 B 站平台特色功能进行变现外，还可以参与官方的相关扶持计划，快速实现变现。

12.2.1 充电计划

UP 主可在"稿件管理"界面申请加入"充电计划"，审核通过后 UP 主即可接受 B 站用户的电池打赏。

B 站推出"充电计划"的原因主要有如下 4 个：

（1）"充电计划"的推出不会影响普通用户视频观看和弹幕发送的体验。

（2）"充电计划"中的电池打赏全凭用户自愿，没有任何强制性。

（3）"充电计划"旨在鼓励 UP 主创作原创内容。

（4）保持 UP 主独立性，解决 UP 主经济来源。

B 站用户进入 UP 主个人界面,即可看到本月有多少用户给他"充电"。例如,打开 UP 主"我是郭杰瑞"的个人界面,可以看到本月有 207 人给他"充电",如图 12-8 所示。当用户点击该界面中的"充电"按钮时,就会弹出"请选择充电电量"弹窗,用户可在此弹窗内自定义"充电电池",如图 12-9 所示。人民币 1 元可兑换 10 个 B 站电池。

图 12-8 个人主界面　　　　　　　　图 12-9 给 UP 主充电

每个月的 5 日,UP 主上个月的电池就会自动转换为贝壳,UP 主可以通过对贝壳进行提现,从而实现变现,具体操作如下:

Step01 打开 B 站移动客户端,进入"我的"界面,点击"我的钱包"按钮,如图 12-10 所示。

Step02 进入"我的钱包"界面,点击"贝壳"按钮,如图 12-11 所示。

图 12-10 "我的"界面　　　　　　　图 12-11 "我的钱包"界面

Step 02 进入"贝壳账户"界面,确认可提现贝壳数量,点击"提现"按钮即可,如图 12-12 所示。

图 12-12 "贝壳账户"界面

12.2.2 激励计划

B 站在 2018 年初推出了"创作激励计划",让 UP 主们通过自己原创的视频获得相关收入。截至 2020 年 5 月,"创作激励计划"适用的范围是 B 站的视频、专栏稿件和 BGM 素材,符合这些条件的 UP 主可申请加入"创作激励计划",如图 12-13 所示。

图 12-13 "创作激励计划"

UP 主加入"创作激励计划"后,当播放量达到一定水平后,即可获得平台的分成,如图 12-14 所示。

第 12 章 商业变现：让你的才华产生价值

图 12-14　创作激励

12.2.3　绿洲计划

截至 2020 年 6 月，B 站的"绿洲计划"还处于试运营状态，B 站希望通过这个计划让 UP 主在商业和创作之中取得平衡，如图 12-15 所示。

图 12-15　"绿洲计划"背景

UP 主参与这个计划后，不仅能获得与广告商合作的机会，而且 UP 主的利益会受到进一步的保护，如图 12-16 所示。

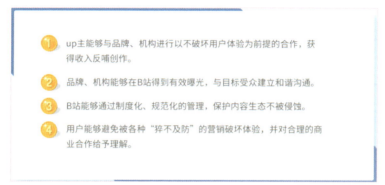

图 12-16 "绿洲计划"目的

12.3 其他渠道:增加收入

UP 主除了可以通过电商或知识付费进行变现外,还可以通过微信公众号、淘宝、官网等渠道进行变现。

12.3.1 橱窗变现

UP 主可以申请自己的推广橱窗,通过卖货来变现,如图 12-17 所示。

图 12-17 推广橱窗

12.3.2　课程变现

UP 主可以将自己的课程设置成付费，B 站用户通过付费来购买课程，获得一些新知识，而 UP 主可以凭借该课程获得收益，如图 12-18 所示。

图 12-18　课程变现

12.3.3　直播变现

主播收到的礼物可以换算成 B 站虚拟币"金瓜子"，金瓜子可以按照 1000∶1 的比例折现为人民币。图 12-19 所示为某主播的金瓜子榜和礼物榜。

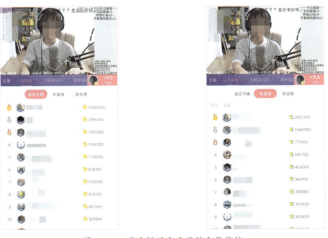

图 12-19　某主播的金瓜子榜和礼物榜

UP主可引导用户进入主播"互动"界面，❶点击右下角的按钮，弹出"礼物"弹窗，选择礼物；❷点击"发送"按钮，即可给主播送礼物，如图12-20所示。

图 12-20　用户送礼物操作

12.3.4　公众号变现

说起B站UP主通过微信公众号变现，最成功的莫过于"小片片说大片"这个影视博主，他毕业后通过业余时间剪辑影视片段，整理解读佳片或"吐槽"烂剧，在B站和微信公众号获得上百万的粉丝，如图12-21所示。之后，"小片片说大片"辞职，自己成立公司，成为一名专职的影视UP主。

"小片片说大片"通过在多个平台的积累和沉淀，已经建立了一个强大的视频创作团队，有负责剪辑的、有负责文案的、有负责运营的……可以这么说，"小片片说大片"创立公司、建立团队，甚至是投资并参与小型网剧，都是他变现的一种手段。

不过，"小片片说大片"最成功的是公众号的运营，他在公众号内接入了小鹅通知识付费平台，并在这个平台里建立一个完整的会员付费体系，如图12-22所示。我们可以看出，他的付费会员价格为99元1年，这种变现能力可以说是非常强大了。逢年过节，"小片片说大片"还会推出优惠活动，吸引更多粉丝购买年费会员或专栏套餐。

☆专家提醒☆

此外，UP主在公众号中进行变现时，除了可以利用知识付费进行变现外，还可以通过公众号广告进行变现。具体来说就是，通过在文章中接入微信公众号广告，从平台获得分成，进而实现额外的变现。

图 12-21 "小片片说大片" B 站账号和微信公众号

图 12-22 "小片片说大片"会员付费

当然，99 元对于部分人来说可能太贵，或者说某些会员只喜欢某些专栏，于是"小片片说大片"推出了一部分付费专栏，解决这部分粉丝的痛点，如图 12-23 所示。

除了在微信公众号内接入知识付费平台进行变现，还有一些 B 站 UP 主通过实体产品变现，最典型的是 B 站 UP 主"御史房"，在微信公众号内销售文创产品来变现，如图 12-24 所示。

图 12-23　付费专栏

图 12-24　通过产品变现

此外，B 站 UP 主"电影最 TOP"除了通过接入小鹅通知识付费平台推出一些付费视频外，还有一种方式和"御史房"一样，通过开发周边产品来进行变现，如图 12-25 所示。

第 12 章 商业变现：让你的才华产生价值

图 12-25 "电影最 TOP"公众号

12.3.5 淘宝变现

淘宝变现方式有两种，一种是在 B 站视频评论区贴出淘宝产品链接，引导用户购买；另一种方式就是在专栏文章中贴出淘宝链接，引导用户购买。

1．B 站视频评论区

在 B 站有许多穿搭 UP 主，他们通常会在评论区提出视频中所提到的穿搭产品，供广大粉丝群体进行购买，如图 12-26 所示。

图 12-26 评论区贴淘宝链接

2. B 站专栏

还有一些穿搭博主在专栏文章中讲穿搭风格时，会将部分衣服裤子的淘宝链接贴出，如图 12-27 所示。

图 12-27 专栏文章里贴淘宝链接

12.3.6 官网变现

在 B 站，相对来说比较冷门的变现方法就是通过官网来变现。图 12-28 所示为《影之刃 3》游戏 B 站账号在专栏文章中直接贴出官网链接，引导玩家通过官网预约该游戏，而游戏制作方则是通过游戏中的广告和收费服务来达到变现的目的。

图 12-28 《影之刃 3》